Gars, dvēsele un miesa (II)

Vēstījums par garīgo pasauli, kas iesniedzas bezgalīgajā visumā!

Gars, dvēsele un miesa (II)

Dr. Jaerock Lee

Gars, dvēsele un miesa (II) Autors – dr. Džejs Roks Lī.
Publicēts izdevniecībā „Urim Bukss." (Pārstāvis : Johnny. H. Kim)
235-3, Guro – donga 3, Guro – gu, Seula, Koreja.
www.urimbooks.com

Visi izmantotie grāmatā citāti no Svētajiem Rakstiem, ja tas nav teikts savādāk, ņemti no Klasiskā Bībeles tulkojuma. Autortiesības aizsargātas © 1960, 1962, 1963, 1968, 1971, 1972, 1973, 1975, 1977, 1995 ar Lakmana fondu. Lietots ar atļauju.
ISBN: 979-11-263-1261-0 03230
Tulkojuma autortiesības © 2012 pieder dr. Esterei K. Čangai. Lietots ar atļauju.

Pirmo reizi publicēts 2012.g. novembrī.

Iepriekš publicēts korejiešu valodā izdevniecībā „Urim Bukss" 2010.g.

Redaktors – dr. Gimsans Vins.
Izdevniecības „Urim Bukss" redakcijas biroja dizains.
Kontaktadrese, lai saņemtu vairāk informācijas:
urimbook@hotmail.com

Priekšvārds

No tā laika, kā es pieņēmu Jēzu Kristu un sāku lasīt Bībeli, es sāku lūgties par to, lai dziļi iepazītu Dieva sirdi. Dievs atbildēja man pēc septiņiem daudzu lūgšanu un gavēņu gadiem. Pēc tam, kad es atvēru baznīcu, Dievs caur Svētā Gara vadību izskaidroja man grūti saprotamus fragmentus no Bībeles un atsevišķi deva detalizētu skaidrojumu par tēmu „Gars, dvēsele un miesa." Šis noslēpumu pilnais vēstījums ļaus mums saprast cilvēka sākotnējo dabu un tāpat iepazīt sevi. Es nekad neesmu dzirdējis līdzīgus komentārus iepriekš, tādēļ mans prieks nav aprakstāms.

Kad es sludināju par tēmu „Gars, dvēsele un miesa," parādījās daudzums liecību un atsauksmju kā Korejā, tā arī aiz tās robežām. Ļaudis runāja, ka viņi sapratuši beidzot, kas viņi bija no iesākuma un saņēmuši atbildes uz saviem jautājumiem par daudzām grūtām Bībeles vietām, un tāpat sapratuši, kā iegūt patiesu dzīvību. Daži no šiem ļaudīm saka, ka tagad viņi uzstādījuši sev mērķi kļūt par gara cilvēku un „kļūt par Dievišķās dabas līdzdalībniekiem," tas ir viņi tiecas realizēt to, kas Otrajā Pētera vēstulē (1:4), skan, kā „dāvinājis dārgus un visai lielus apsolījumus, lai jums ar tiem būtu daļa pie dievišķās dabas, jums, kas esat izbēguši no tā posta, kas kārību dēļ ir pasaulē."

Suņczī traktātā „Kara māksla" teikts, ka, ja jūs pazīstat sevi un savu pretinieku, tad jūs nekad nezaudēsiet kaujā. Vēstījums „Gars, dvēsele un miesa" izlej gaismu uz jūsu „es" dziļumiem un stāsta par cilvēka būtību. Dziļāk izzinot un saprotot sevi, var izprast arī jebkuru citu cilvēku. Lai vadītu uzvarošu kristīgu dzīvi, mēs iemācīsimies arī spēt aizsargāties no tumsas spēkiem, kuri iedarbojas uz mums.

Otrajā grāmatas „Gars, dvēsele un miesa" daļā, runāts būs arī par sākotnējo Dieva Radītāja būtību, par bezgalīgo garīgo telpu un gaismas teritoriju, kur mājos mūsu gars. Šeit ir gleznaini apraksti, kuri palīdzēs labāk stādīties priekšā Dieva veidolu un visas pasaules uzbūvi. Kad mēs iepazīsim pasaules uzbūves noslēpumus, un kļūsim pilna gara ļaudis, mēs varēsim iziet aiz ierobežotajām cilvēka iespējām un būsim klātesoši Dieva dimensijā, un tad mēs varēsim ieraudzīt pat Dieva veidolu. Lūk, kādēļ Jāņa Evaņģēlijā 14:12, Jēzus teicis: „Patiesi, patiesi, es jums saku, kas man tic, tas arī tos darbus darīs, ko es daru un vēl lielākus par tiem darīs, jo es noeju pie Tēva."

Es gribētu pateikties direktoram Džeumam San Vinam un visam redakcijas biroja personālam, ko viņš vada. Es ceru, ka pateicoties šai grāmatai lasītāji iegūs īpašības, kas nepieciešamas, lai ieietu gaismas telpā un iepazītu pārsteidzošo Dieva dimensiju.

Džejs Roks Lī

Dodoties otrajā ceļojumā gara, dvēseles un miesas pasaulē

„Bet pats miera Dievs, lai jūs svētī caur caurim, un jūsu gars, dvēsele un miesa visā pilnībā, lai paliek bezvainīga līdz mūsu Kunga Jēzus Kristus atnākšanai," (1. vēst. Tesaloniķiešiem 5:23).

Šodien virtuālā telpa ir pieejama visiem, kam ir internets, bet ļaudis to izmanto dažādi, atkarībā no savām datorzināšanām un savas saprašanas par interneta iespējām. Ņemot līdzībā, var teikt, ka mūsu spējas saprast pārsteidzošos brīnumus, kas aprakstīti Bībelē, un piedzīvot Dieva darbus pašu dzīvē, atkarīgas no tā, cik mēs esam iepazinuši garīgo pasauli, kurā mājo Dievs.

Bībele stāsta par daudziem notikumiem, kuri palīdz mums iepazīt Dieva pasauli. Pirms Stefans tika līdz nāvei ar akmeņiem nomētāts, viņš ieraudzīja atvērtas Debesis un Cilvēka Dēlu, stāvošu Dieva padebešos (Apustuļu 7:56). Tas kļuva iespējams tādēļ, ka Dievs atvēra ceturtās debesis. Apustulis Pēteris par Evaņģēlija sludināšanu bija ieslodzīts cietumā, bet izgāja brīvībā ar eņģeļu palīdzību. Līdzīgs piedzīvojums tāpat bija apustulim Pāvilam, kad viņš bija iemests cietumā Filipos. Dievs atvēra trešo debesu plašumus un sūtīja varenu eņģeli, kurš noņēma važas un atvēra vārtus.

Kā tikai mēs uzaudzēsim sevī gara pilnību, mēs varēsim izmantot Dieva plašumus. Vēl vairāk, nākotnē mēs baudīsim mūžīgo dzīvību un svētības Jaunajā Jeruzalemē. No otras puses, cilvēkam, kurš vēl nav iegājis gara pilnībā, vispirms jāpiepilda taisnības mēru, lai iegūtu iespēju izmantot Dieva telpu. Visa šī grāmata veltīta, lai vēstītu par bezgalīgo garīgo telpu.

Ar ko šī grāmata palīdzēs lasītājiem:

1. Tā palīdzēs sajust Dieva mīlestību, Kurš, lai iegūtu patiesus bērnus, sadalīja pēc Sava prāta bezgalīgo visumu telpās un dimensijās, un atdalīja gaismu no tumsas priekš tā, lai izveidotu cilvēci. Kad mēs pieņemam Jēzu Kristu un stiprinām savu ticību ar darbiem, tad, ja mēs atrodamies gaismas teritorijā, mēs varam izmantot tiesības, kas dotas gaismas bērniem.

2. Saprast, ka Debesis – tā ir gaismas telpa. Tās sadalītas daudzos mājokļos – no Paradīzes līdz Jaunajai Jeruzalemei. Mēs dzīvosim Debesīs, esot ar pilnīgiem debesu ķermeņiem. Mēs baudīsim mūžīgo dzīvību Debesīs, kur viss piepildīts ar laimi un prieku, un tā – Dieva dāvana mums.

3. Atcerēties, ka tikai Dieva spēks var padarīt mūs par patiesiem Dieva bērniem, radītiem pēc Viņa līdzības. Pateicoties Dieva spēkam, mēs varam ieiet dižena gaismas telpā un piedzīvot brīnišķīgas un varenas lietas, kuras pārsniedz cilvēku, kas dzīvo uz šīs zemes, iespēju robežas.

Saturs

Priekšvārds

Dodoties otrajā ceļojumā gara, dvēseles un miesas pasaulē

1. daļa Plašā garīgās pasaules telpa

2. daļa Gars, dvēsele un miesa garīgajā telpā

3. daļa Pārvarot ierobežotās cilvēka iespējas

Gars, dvēsele un miesa (I)
Saturs

1. daļa. Miesas formēšanās.

2. daļa. Dvēseles formēšanās.
(Dvēseles funkcionēšana fiziskajā telpā).

3. daļa. Gara atdzimšana.

Plašā garīgās pasaules telpa

Kas notika Debesīs pirms radīšanas?

Kā bija veidotas gaismas un tumsas telpas?

„Šī ir tā vēsts, ko esam no viņa dzirdējuši un pasludinām jums, ka Dievs
ir gaisma, un viņā nav it nekādas tumsības"
(1. Jāņa vēstule 1:5).

„… dziediet tam Kungam! Kas brauc pa debesu debesīm, kas ir no
pasaules iesākuma; redzi, Viņš vareni liek atskanēt Savai balsij,"
(Ps. 68:33-34).

Tumsa un gaisma

Gaisma un tumsa eksistē ne tikai šajā redzamajā pasaulē; garīgajā pasaulē tāpat ir gaismas un tumsas telpas. Kādēļ Dievs pieļāva tumsas telpas eksistenci un, kas pārvalda tumsu?

1. Plašā garīgā telpa un Dievs, Esošais no iesākuma.

2. Dievs ieplānoja izveidot cilvēci.

3. Iesākuma Dievs kļuva Trīsvienība.

4. Dievs radīja eņģeļus un ķerubus.

5. Neizdevies lucifera dumpis.

6. Dieva plāns sadalot gaismu un tumsu.

Vai jums sanāca bērnībā aizmigt skaitot zvaigznes debesīs? Es domāju, ka daudziem no jums ir tāda pieredze. Eksistē daudzums zvaigžņu, kuras mēs redzam ar savām acīm, bet neiedomājams daudzums zvaigžņu paliek nesasniedzams mūsu skatienam. Cik gan milzīgs šis visums?

Pat attīstoties zinātnei, ļaudis nevar izskaitļot precīzus visuma izmērus. Tādēļ ka tie ir bezgalīgi milzīgi plašumi. Zeme un citas planētas veido saules sistēmu; liels daudzums saules sistēmu un citu debesu ķermeņu, grupējoties formē galaktiku. Daudz galaktiku kopā veido galaktiku sistēmu, galaktiku sistēmas – mikrokosmosus, bet mikrokosmosi savukārt – gigantisko visumu.

Saules sistēma mūsu galaktikā redzama tikai kā niecīgs punktiņš. Bet arī visa mūsu galaktika ir tikai punktiņš salīdzinot ar visa visuma izmēriem. Fiziskā visuma izmēru neiespējami noteikt pat ar vismūsdienīgāko zinātnes aparatūru. Bet arī tā ir maza salīdzinot ar garīgo telpu; kas plešas līdz bezgalībai citā dimensijā. Tā, Bībele runā par dažādām debesīm.

5. Mozus 10:14, teikts: „Redzi, vienīgi Tam Kungam pieder debesis un debesu debesis, zeme un viss, kas uz tās ir," bet Nehemijas Grāmatā 9:6, mēs lasām: „Tu esi Tas Kungs, tiešām Tu vienīgais! Tu esi radījis debesis – debesu debesis un visus debesu pulkus; zemi un visu, kas ir uz tās, jūras un visu, kas ir tajās, un Tu uzturi visus tos pie dzīvības, un debesu pulks Tevi pielūdz!"

Kā gan radies šis debesu daudzums un, kas notika ar debesīm līdz pasaules radīšanai? Tagad ielūkosimies laikā, kas bija pirms šīs pasaules radīšanas. Tas bija līdz tam, kā visums un galaktikas, par kurām mums tagad zināms, sāka eksistēt. Visums ne vienmēr bija tāds, kā tagad. Tā bija viena milzīga telpa, kurā nebija atšķirības starp garīgo un fizisko pasauli.

1. Plašā garīgā telpa un Dievs – Esošais no iesākuma.

Ar plašo garīgo telpu ir domāts viss pirmais visums. Tā bija telpa, kurā pirmsākumu Dievs mājoja pirms laiku iesākuma. Šeit vārdi „pirmsākuma Dievs" norāda uz Dievu, Kurš eksistēja kā gaisma un balss līdz pasaules radīšanai. Ar iesākuma visumu domāts tas visums, kurā Dievs no iesākuma dzīvoja viens.

Kā no iesākuma izskatījās Dievs? Iedomājieties brīnišķīgu gaismu, kas piepilda visuma bezgalību, kura nepārtraukti pārklājas, līdzīgi viļņiem. Saskaņā ar 1. Jāņa vēstuli 1:5, kur teikts, ka „Dievs ir gaisma," Dievs pletās caur visu iesākuma visumu, kā brīnišķīga un apžilbinoši spilgta gaisma.

Ziemeļblāzmas mirdzēšana palīdz mums stādīties priekšā Dieva pirmsākuma veidolu. Ziemeļblāzmas mirdzēšanu var novērot rajonos, kas tuvu poliem. Kā likums, tā mirgo neparasti skaistās sarkanās, gaišzilās, dzeltenās, gaiši zaļās un rozā krāsās. Runā, ka tas, kurš redzējis ziemeļblāzmu, to vairs nekad nespēs aizmirst, cik tā ir brīnišķa!

Vēstulē Romiešiem 1:20, teikts: „Viņa neredzamās īpašības, tiklab viņa mūžīgā vara kā viņa dievišķība, kopš pasaules radīšanas gara acīm saskatāmas viņa darbos; tāpēc viņiem nav ar ko aizbildināties." Dievs radījis ziemeļblāzmas skaistumu, lai mēs ieinteresējušies par Viņa sākotnējo eksistenci, varētu stādīties priekšā Viņa patieso veidolu.

Iesākumā Dievam bija skaidra, tīra un varena balss, kas piepildīja gaismu, kura vēlās kā viļņi. Vai jūs esat dzirdējuši skaņu, kura pavada vieglu vējiņu? Bet vētrā, kura pūš no jūras, jūs varat sadzirdēt vēja troksni. Tāpat arī balss, kas nāk no sākotnējās gaismas, bija ar to harmonijā, kā arī skaņa, ko nes vējš. Un kā skaņa nav atdalāma no vēja, tā arī sākotnējā Dieva balss izplatījās vienlaicīgi ar gaismu pa visu visumu, to pilnībā aptverot.

Ja jūs kaut reizi izdzirdēsiet Dieva balsi, jūs to nekad neaizmirsīsiet. Es to esmu dzirdējis vairākas reizes, tā bija tik dižena, tīra un skaidra! Tik grandioza un nevainojama! Dieva balss patiešām ļoti tīra, skaidra, valdzinoša un kopumā tik varena, ka spēj skanēt visā visumā.

Jāņa Evaņģēlijā 1:1, teikts: „Iesākumā bija Vārds, un Vārds bija pie Dieva, un Vārds bija Dievs." Šis Vārds, kurš bija iesākumā ir sākotnējā balss, kura skanēja sākotnējās gaismas iekšienē. Iepriekš minētais pants, kurā Dievs nosaukts par „Vārdu," raksturo, visdrīzāk, Dieva būtību, Kas ir gaisma, bet ne Viņa formu. „Vārds" – tas ir saturs, bet „Dievs" – šī satura vārds. Tādā veidā, Dievs – tas ir „Vārds", un eksistēja Viņš kā gaisma un balss, kas piepildīja visu visumu.

2. Dievs ieplānoja cilvēces veidošanu.

Noteiktā bezgalīgā laika etapā Dievs, Kurš eksistēja vienatnē, ieplānoja izveidot cilvēci:

„Kas notiktu, ja būtu tāda būtne, kas varētu iepazīt šo bezgalīgo visumu un Manu sirdi un dalīties Manā mīlestībā! Ja vien tā tikai spētu saprast un pieņemt Manu sirdi un jūtas, kurās Es dalīšos ar viņiem un atbildei atdotu Man savu sirdi. Tā būtu tāda laime un prieks!"

Dievs vēlējās, lai būtu tāda būtne ar kuru Viņš varētu būt sadraudzībā un dalīties visā, kas ir šajā visumā. Un vēl Dievs gribēja, lai būtu kāds ar kuru Viņš varētu dalīties Savā mīlestībā. Dievs radīja plānu cilvēces izveidošanai ar vēlmi sākt jaunu projektu, lai iegūtu Sev patiesus bērnus.

Kā jūs domājat, ar ko Dievs sāka realizēt Savu plānu par cilvēces izveidošanu? Dievs pirms tam eksistējošais kā gaisma, vienmērīgi izplatīta pa visu visumu, sakoncentrējās augstākajā garīgās pasaules punktā, un gaisma ieguva formu. Kad Viņš sakoncentrējās vienā gaismā, radās dažādas Debesu dimensijas. Šeit „debesis" ir sinonīmi dažādām visuma telpām.

Pirmkārt, sākotnējais visums bija viena kopīga telpa, bet tā kā iesākuma Dievs sakoncentrējās vienotā gaismā, tad tas noveda pie dažādu telpu rašanās visumā. Tā kā gaisma, kura līdz šim vienmērīgi izplatījās pa visu visumu, sakoncentrējās augstākajā garīgās pasaules punktā, tad bija radītas dažādas telpas atbilstoši gaismas spožumam.

Iepriekš gaismas spožums bija vienāds visā iesākuma visumā, bet tagad garīgās pasaules centrs kļuva par pašu spožāko vietu. Piemēram, ja jūs izliksiet 10 tūkstošs gaismekļus pa visu zāli, tad visa zāle būs apgaismota vienmērīgi. Bet, kas notiks, ja jūs uzstādīsiet tikai vienu gaismas avotu; kas ir līdzvērtīgs desmit tūkstoš lampām, zāles centrā? Jo tuvāk gaismas avotam, jo spilgtāka gaisma, un otrādi, jo tālāk, jo gaisma blāvāka. Tieši tāpat, kad iesākuma gaisma kļuva vienota, sakoncentrēta gaismā noteiktā vietā, bija radītas telpas, kuras atšķīrās cita no citas pēc gaismas spožuma.

Iesākuma gaisma – tā ir garīgā gaisma, un pēc tā mēra kā mainās tās spožums, tāpat arī mainās garīgo būtņu blīvums. Kad iesākuma gaisma sakoncentrējās kopā, gaismas spožums un gara blīvums kļuva mazāk piepildīts tālāk no avota, kur bija sakoncentrēta gaisma. Tādēļ iesākuma visums, kurš eksistēja kā vienota telpa, bija sadalīts četrās telpās, kas atšķīrās pēc gaismas spožuma un gara blīvuma. Dievs nosauca tās par pirmajām, otrajām, trešajām un ceturtajām debesīm.

Vieta, kurā iesākumā Dievs sakoncentrēja Sevi vienā gaismā – ir īpaša, tā pieder pie ceturtajām debesīm. Tādā veidā, pati spožākā gaisma, un pats lielākais gara blīvums – ceturtajās debesīs. Trešās debesis atšķiras ar mazāku gaismas spožumu salīdzinot ar ceturtajām debesīm; to pašu var teikt arī par otrajām debesīm. Pie garīgās pasaules attiecas otrās līdz ceturtajām debesīm. Bet pirmās debesis – tas ir fiziskais visums, kuru mēs redzam ar acīm. Šis visums no kura garīgais iesākums bija praktiski pilnībā atņemts tajā momentā, kad Dievs savienojās vienā gaismā, un tādēļ tas pildīts ne ar garīgu, bet miesīgu būtību.

Fiziskajā pasaulē, ja jūs sadalīsiet kādu telpu četrās daļās, katra daļa būs mazāka par pirmo sadalīto. Bet garīgajā pasaulē tā nenotiek. Tādēļ ka garīgajai pasaulei nav robežu. Kad bezgalīgais visums bija sadalīts četrās daļās, šīs daļas bija četras bezgalīgas telpas. Tas ir, neskatoties uz to, ka iesākuma visums sāka sastāvēt no četrām debesīm, katrām no debesīm nebija robežu, un arī pirmās debesis, kuras ir fiziska, miesīga telpa, tāpat ir bez robežām.

Dievs paredzēja dažādu debesu eksistenci atbilstoši to uzdevumam. Pirmkārt, Dievs atdalīja pirmās debesis un paredzēja tās, kā vietu, lai veidotu cilvēci. Otrās debesis bija paredzētas priekš tumsas gariem, kuri nepieciešami, lai pilnveidotu cilvēci. Bet tās bija tāpat arī priekš Ādama, kurš bija radīts dzīvs gars. Trešās debesis bija atdalītas, lai radītu Debesu Valstību, kurā cilvēces veidošanas rezultātā būs savākti labie kvieši. Un beidzot, ceturtās debesis – tā ir Dieva Trīsvienības telpa. Tā ir tā pati dimensija, kas arī iesākuma visums.

Kad iesākuma visums pirmoreiz sadalījās četrās telpās, tās nebija ne ar ko piepildītas. Bet tas nenozīmē, ka debesis bija absolūti tukšas. Sākotnējā visumā bija daudzums zvaigžņu. Bet pie tam mūsu Zeme, saules sistēma un mūsu galaktika tad vēl nebija pirmajās debesīs radītas. Bet trešajās debesīs vēl nebija radīta Debesu Valstība. Tas bija vienkārši plašums, kas bija piemērots, lai radītu Debesu Valstību. Pēc šīs sadalīšanas telpās, Dievs ķērās pie radīšanas darbiem, sāka tos īstenot.

3. Iesākuma Dievs kļuva Trīsvienība.

Pēc tam, kad Dievs sakoncentrējās vienotā gaismā, Viņš sadalījās trīs gaismās. Gaismas sadalīšanās trīs gaismās nelīdzinās fiziskā gaismekļa sadalīšanai trīs daļās. Visdrīzāk, tas atgādina vēl papildus divu identisku lampu radīšanu no vienas, pirmās. Un kaut arī iesākuma gaisma bija sadalīta trīs sastāvdaļās, tās nebija nepilnīgas vai atšķirīgas; tām bija vienota būtība.

Iesākumā bija viena gaisma, bet divas citas jaunās gaismas veidojās no Viņa. Pēc tam, kad radās trīs gaismas, gaisma pieņēma garīgu formu, pēc kuras līdzības bija radīts cilvēks. Viņi sāka eksistēt kā Dievs Tēvs, Dievs Dēls un Dievs Svētais Gars. Sadalījies, Iesākuma Dievs kļuva par Trīsvienīgo Dievu, katra no Trīsvienības daļām ieguva Personīgo garīgo ķermeni, ar nelielām atšķirībām katrai. Bet gars katrā no garīgajiem ķermeņiem nāk no viena sākotnējā Dieva, tādēļ mēs varam teikt, ka visi Trīs Vienā ir ar vienu sirdi, vienām domām, spēku un gudrību.

Lūk, kādēļ mēs vēršamies pie Dieva Tēva, Dieva Dēla un Dieva Svētā Gara, kā pie Trīsvienības. Dievs Trīsvienība sākumā radīja visu to, kas bija nepieciešams telpai, kurā mājoja Pats Dievs. Kad Dievs eksistēja viens, kā gaisma, kas piepildīta ar balsi, Viņam nebija vajadzīga mājvieta. Bet tā kā Viņš ieguva formu, Viņam radās nepieciešamība pēc mājvietas.

Kad Dievs Trīsvienība ir ceturtajās debesīs, Viņš var iegūt formu, bet var iztikt arī bez tās. Ceturtajās debesīs Viņš var mainīt Savu formu, kā Viņam sagribas, bet tā kā Viņš reizēm tomēr pieņem veidolu, tad tur ir arī mājvieta. Trešajās debesīs, kuras arī ietilpst Debesu Valstībā, Dievs vienmēr ir klātesošs veidolā, tādēļ Viņš radīja tur Savu apmešanās vietu. Dievs tāpat sāka radīt garīgas būtnes, kuras Viņam kalpotu.

4. Dievs radīja eņģeļus un ķerubus.

Ir divu veidu garīgas būtnes, kuras radījis Dievs,- tie ir eņģeļi un ķerubi. Eņģeļiem praktiski ir tā pati forma, kas arī ļaudīm, izņemot, ka viņiem ir vēl arī spārni (Atklāsmes 14:6). Cilvēki bija radīti pēc Dieva līdzības, tāpat kā arī eņģeļi (Marka 16:5). Tomēr eņģeļiem ir tikai ārēja līdzība ar Dievu, bet cilvēkiem ir ne tikai izskats kā Dievam, bet arī Viņa sirds.

Kāda gan auguma ir eņģeļi? Eņģeļi ir tāpat kā ļaudis. Ir ļoti mazi eņģeļi, bet ir arī milzīgi eņģeļi. Un viņiem ir tās īpašības un forma, kas atbilst viņu uzdevumam.

Piemēram, ja eņģelis, izpilda armijas ģenerāļa lomu, tad šim uzdevumam atbildīs vairāk vīrišķīgs izskats. Priekš dejām un dziesmām visdrīzāk atbilst eņģeļi ar vairāk sievišķīgu izskatu. Protams tas nenozīmē, ka starp dejotājiem nav eņģeļu ar vīrišķīgu izskatu. Tieši tāpat, kā šajā pasaulē ir vīrieši – dejotāji, ir arī dejojoši eņģeļi līdzīgi vīriešiem. Bet viņu ārējais izskats, vīrieša vai sievietes, nenozīmē, ka viņiem ir dzimums. Tas tikai nozīmē, ka pēc izskata viņi ir vai kā vīrieši, vai sievietes.

Eņģeļi kalpo Dievam un pilda savus pienākumus darot to, ko viņiem liek Dievs. Neskaitāms daudzums eņģeļu izpilda daudz dažādu pienākumu.

„Visi eņģeļi stāvēja ap goda krēslu, ap vecajiem un dzīvajām būtnēm un metās uz sava vaiga goda krēsla priekšā un lūdza Dievu," (Atklāsmes 7:11).

„Un es redzēju citu varenu eņģeli nonākam no debesīm; tas bija tērpts mākonī, un varavīksne bija virs viņa galvas; viņa vaigs bija kā saule un viņa kājas kā uguns stabi," (Atklāsmes 10:1).

„Vai tie visi nav kalpotāji gari, izsūtāmi kalpošanai to labā, kam jāmanto pestīšana," (Vēst. Ebrejiem 1:14).

Starp viņiem ir eņģeļi, kas izpilda īpašus uzdevumus garīgajā pasaulē, un ir eņģeļi, kuri kalpo Dieva bērniem uz zemes. Eņģeļu skaits, kas dots katram ticīgajam ir atšķirīgs, atkarībā no katra cilvēka svēttapšanas pakāpes un no tā, vai viņš ir iegājis garā vai gara pilnībā. Starp eņģeļiem ir noteikta hierarhija, un zemāk stāvošo paklausība augstākstāvošiem tiek stingri ievērota. Vēl ir eņģeļi, kuri pierakstīti katram cilvēkam, neatkarīgi no tā, vai viņš ticīgais, vai nē. Šie eņģeļi pieraksta visus vārdus un katra cilvēka darbus, kas dzīvo virs zemes.

Ja eņģeļi ir līdzīgi cilvēkiem, tad ķerubi atgādina dažādus dzīvniekus. Ķerubi, kuru pienākums ir pavadīt Dievu, līdzīgi tādiem dzīvniekiem kā lauva, ērglis, govs vai vērsis. Psalmā 18:11, teikts: „Viņš brauca uz ķeruba un aizlidoja tālēs, Viņš lidinājās ar vētras spārniem.”

Drakoni, kurus ļaudis uzskata par izdomātiem, patiesībā bija vieni no ķerubiem. Pirmais drakons, ko radīja Dievs, bija tik skaists un mīlīgs, ka bija kā Dieva mājdzīvnieks. Viņam bija pūkaina spalva, bija arī ekstremitātes, bet viņa krāsu daudzveidību un skaistumu neiespējami aprakstīt. Apveltīti ar varu un autoritāti drakoni valdīja pār ķerubiem. Viņu pakļautībā atradās daudzi izsūtāmie.

Starp ķerubiem ir „četras dzīvās būtnes.” Tās izskatās kā tumši tērauda monolīti. „Četras dzīvās būtnes” pēc Dieva pavēles uzsūta nelaimes un izpilda sodus. Viņas demonstrē Dieva lielumu un varu. Tām ir viena galva, bet četras sejas – cilvēka, lauvas, vērša un ērgļa. Tās izskatās tā it kā četri cilvēki būtu nostājušies ar mugurām cits pret citu, skatoties tieši sev priekšā. Iekšpusē, viņu centrā augšup un lejup pārvietojas liesmas. Pa visu viņu ķermeni ir acis, un tās seko visam.

Kad Dievs radīja eņģeļus un ķerubus, Viņš neapveltīja tos ar gribas brīvību, kura bija dota cilvēkiem. Viņiem vajadzēja vienkārši pakļauties Dieva pavēlēm, kas tika dotas saskaņā ar viņu stāvokli hierarhijas pakāpēs. Un pat šodien Dievs pārvalda visu visumu caur šiem eņģeļiem un ķerubiem.

Garīgā pasaule ir labi organizēta un sistematizēta.

Bībele tāpat piemin debesu karapulku un ercenģeļus. Lūkas Evaņģēlija 2:13, teikts: „Un piepeši tur pie eņģeļa bija debespulku draudze; tie slavēja Dievu un teica.” Debespulku draudze – tā ir debesu armija.

Un tāpat 1. vēstulē Tesaloniķiešiem 4:16, teikts: „Pats Kungs nāks no debesīm, kad Dievs to pavēlēs, atskanot ercenģeļa balsij un Dieva bazūnei; tad pirmie celsies tie, kas ticībā uz Kristu miruši.” Ercenģeļu eksistēšanas fakts saka mums par noteiktu kārtību eņģeļu pasaulē.

Ercenģeļi vēro mazākās detaļas, un ir kā Dieva rokas, kājas, acis un ausis. Viņi tāpat saņem norādījumus no Dieva un atskaitās tieši Viņam. Ercenģeļu, kuri līdzinās ministriem, pakļautībā strādā daudz eņģeļu. Ercenģeļi tieši nevada visus eņģeļus, kuri atrodas to pakļautībā; priekš tā pār eņģeļiem ir sava priekšniecība, kuri vada katru eņģeļu apakšnodaļu. Pie tādas sakārtotas sistēmas, dotā komanda tiek izpildīta ideāli precīzi, un visi ziņojumi nekļūdīgi pārbaudīti. Un cik arī nebūtu daudzpakāpju process, tas tiek īstenots momentāli.

Dievs vada un pārbauda katru cilvēku uz šīs zemes, sēžot Savā tronī, un tajā savu lomu spēlē eņģeļi. Protams, ka Dievs – Visuvarens, un Viņš Pats var tikt galā ar jebko. Tomēr eņģeļi ziņo Dievam to, ko viņi tieši redzējuši un pārbaudījuši. Tā ka eņģeļi ne tikai ziņo, bet arī uzstājas kā liecinieki. Tas vēl vairāk apstiprina Dieva tiesas sprieduma taisnīgumu, kad Viņš veiks Savu tiesu.

Kā piemēru var minēt sodu, kas nāca pār Sodomu un Gomoru. 1. Mozus 19:1, teikts: „Un divi eņģeļi nonāca vakarā Sodomā...” Dievs sūtīja Savus eņģeļus vēl reizi visu pārbaudīt, pirms sodīt Sodomu un Gomoru. Bet ļaudis tur sāka dumpoties. Viņi pat centās darīt pāri šiem eņģeļiem. Un tā rezultātā Dievs sodīja Sodomu un Gomoru ar uguni.

Vieni no zināmākajiem ercenģeļiem ir Gabriels un Miķelis. Gabriels ir sūtnis, kas nes īpašas atklāsmes, vai ziņas no Dieva. Viņš ir gara auguma un majestātisks un valkā apģērbu ar platām piedurknēm, kurās apslēptas Dieva atklāsmes. Tieši tāpat kā galminiekam, kurš pienes ķēniņa pavēles, viņam ir savas īpašas atšķirības zīmes, un uz Gabriēla apģērba ir sava atšķirības zīme līdzīga karaļa zīmogam.

Ercenģelis Miķelis ir kā armijas virspavēlnieks; viņa acis izstaro cienīgumu. Viņš staigā bruņās, bet uz viņa jostas ap gurniem – visdažādākie ieroči. Ieroču nēsāšana garīgajā pasaulē nozīmē Dieva dotu varu cīnīties garīgajās cīņās. Pašus visdažādākos simboliskos ieročus lieto atkarībā no cīņas veida.

Ir vēl divi milzīgi erceņģeļi. Viņiem ir sievietes izskats, un viņi apveltīti ar lielu varu un autoritāti. Viņi parasti nesmaida. Viņu parādīšanos pavada lieli Dieva darbi. Viņi ir tik liela auguma, ka, ja viņi iztaisnotos pilnā augumā pat ēkā ar augstiem griestiem, jūs vienalga varētu ieraudzīt tikai viņu apģērba apakšmalu. Izmērīt viņu augumu mums ir neiespējami, tādēļ ka garīgajā pasaulē, salīdzinot ar fizisko pasauli ir pavisam citi mērījumu principi.

Trīs erceņģeļi, kuri ir tieši piederīgi Dievam.

Papildus pieminētajiem eņģeļiem, Dievs radīja tāpat eņģeļus, kuri atrodas tiešā Viņa kontrolē un kalpo Viņam personīgi. Tie bija trīs erceņģeļi, starp kuriem bija arī lucifers. Pēc sava stāvokļa un goda viņi līdzīgi citiem erceņģeļiem, bet viņiem dota sevišķi īpaša vara.

Kā likums, garīgām būtnēm nav brīvas gribas. Viņi var tikai bez ierunām pakļauties Dievam. Bet šie trīs erceņģeļi, kuri tieši piederēja Dievam, izņēmuma kārtā bija ar dabu, kas tuva cilvēciskai, ar brīvu gribu, kāda var būt tikai ļaudīm. Dievs radīja viņus, lai viņi, esot ar cilvēciskām īpašībām, dalītos ar Viņu savā mīlestībā, kaut arī viņi nevarēja būt tieši tādi, kā Dieva bērni, kuri izgājuši caur cilvēces pilnveidošanas procesu. Dievs ļāva šiem erceņģeļiem kalpot Viņam pēc viņu sirds vēlmēm un labprātīgi dalīties ar Viņu priekā un laimē.

Šiem trim erceņģeļiem bija sievišķīga āriene, tiem bija dāvāta maiga, lēnprātīga un labestīga sirds. Vārdi, kas nāca no viņu mutes bija kā patīkama smarža, un izturējās viņi ļoti izsmalcināti. Bet viņiem bija dažas atšķirības raksturā. Luciferai bija stiprāks raksturs nekā diviem citiem. Atbildības zona luciferai bija mūzika, un viņa priecēja Dievu ar savu skaisto balsi un mūzikas instrumentu spēli. Dievs bija ļoti apmierināts ar viņas slavas dziesmām un ļoti mīlēja viņu.

Vienreiz Dievs parādīja man luciferu. Viņa bija tērpta garās krāšņās drēbēs, kas izšūtas ar dārgakmeņiem. Un viņas mati bija rotāti ar dārgiem piekariņiem, kuri ideāli harmonēja ar viņas gaišajiem matiem. Viņa lieliski pārzināja mūzikas instrumentus. Valdzinošā dārgakmeņu šķindoņa un pielūgsmes skaņas saplūda vienkopus un tika aiznestas pa gaisu, līdzīgi vēja dvesmai. Skaņas cēlās pie Dieva un bija neparasti brīnišķas.

Bet tā kā viņa bija Dieva ļoti mīlēta un ilgi lietoja viņai doto varu, viņas prātā sāka attīstīties lepnība. Viņai skauda viss tas, ko darīja Dievs, tas, kā Viņš valdīja pār visu garīgo pasauli. Viņas prātu tik ļoti pārņēma augstprātība, ka viņa nolēma, ka var visu izdarīt labāk par Pašu Dievu. Un beigu beigās viņa, nodomājusi sevi pacelt augstāk par Dievu, sāka vākt karapulku.

Lietojot savu lielo varu lucifera sāka pārvilināt savā pusē eņģeļus. Kopā ar daudzajiem eņģeļiem viņa pavedināja drakonus un daudzus ķerubus, kuri viņai pakļāvās. Viņa tos pievīla liekot saprast, ka izpilda slepenu Dieva rīkojumu.

5. Neizdevies luciferas dumpis.

Dievs zināja, kas ir luciferas prātā un deva viņai iespēju atgriezties. Viņš brīdināja viņu par dumpja sekām, cenšoties viņu atgriezt realitātē. Bet augstprātība jau bija pārņēmusi viņas prātu, un lucifera neatgriezās no izvēlētā ceļa. Lucifera sacēlās pret Dievu un cieta sakāvi. Viņa bija izdzīta kopā ar tām garīgajām būtnēm, kuras viņai sekoja, un bija ieslodzīta pazemē, kuru vēl sauc par bezdibeni.

Par dumpi un luciferas sakāvi un par tā sekām runāts praviesā Jesajas grāmatā (14:12-15): „Kā tu esi kritis no debesīm, tu spožā zvaigzne, tu ausekļa dēls! Kā tu esi nogāzts pie zemes, tu, kas tautas locīji! Tu gan domāji savā prātā: es kāpšu debesīs un uzcelšu savu troni augstu pār Dieva zvaigznēm, es nometīšos uz saiešanas kalna pašos ziemeļos! Es uzkāpšu augstumos, es būšu kā pats Visuaugstākais! Bet nu tu esi nogāzts mirušo valstībā, visdziļākajā bedrē!"

Bībelē tāpat runāts par eņģeļiem, kuri sekoja luciferam. 2. Pētera vēst. 2:4, mēs lasām: „Jo arī eņģeļus, kas apgrēkojās, Dievs nesaudzēja, bet nometa tos pazemes tumšajās bedrēs, lai glabātu sodam."
Tāpat arī Jūdas Vēstulē 1:6, teikts: „Un eņģeļus, kas savu augsto stāvokli nebija nosargājuši, bet savu mājokli atstājuši, Viņš tur mūžīgās saitēs saistītus, ieslēgtus tumsā lielās tiesas dienai".

1. Mozus 1:2 stāstīts par to, kas notika garīgajā pasaulē pirms šīs pasaules radīšanas. Tur rakstīts: „Un zeme bija

neiztaisīta un tukša, un tumsa bija pār dziļumiem, un Dieva Gars lidinājās pār ūdeņiem."

Šim pantam ir divas nozīmes: garīgā un fiziskā. Tajā runāts par to, kas notika garīgajā pasaulē un tāpat par lietām, kas attiecas uz fizisko pasauli.

Vārdi „zeme bija neiztaisīta" nozīmē, ka lucifera dumpis vienā mirklī izjauca garīgo kārtību. „Zeme" simbolizē tumsas pasauli, kuru vadīja lucifera. Tā kā lucifera un būtnes, kas viņai sekoja izjauca Dieva noteikto kārtību, tad uz zemes bija haoss. Šī fragmenta beigās teikts par to, ka zeme bija „tukša." Tā tiek aprakstīts tas, kas bija Dieva sirdī pēc luciferas nodevības, kuru Viņš tik ļoti mīlēja.

Bet dumpis bija drīzumā apspiests, un ļaunie gari bija ieslodzīti elles dziļumos, bezdibenī. Šī doma pateikta ar vārdiem „tumsa bija pār dziļumiem..." Dievs atjaunoja mieru un kārtību, nogrūžot tumsas spēkus pazemē, kas izteikts ar vārdiem, „Dieva Gars lidinājās pār ūdeņiem."

Dievs radīja zemi pirmajās debesīs.

Kad zeme bija tikko radīta, tās stāvoklis atšķīrās no tagadējā. Notika vulkānu izvirdumi no augstas seismiskās aktivitātes un zemes garozas kustībām. Vētraini procesi notika tāpat arī atmosfērā.

Šis nestabilais zemes stāvoklis izteikts vārdos: „un zeme bija neiztaisīta." Tālāk pantā teikts: „... un tumsa bija pār dziļumiem."

Tas nozīmē, ka, kad zeme bija tikko radīta, mūsu galaktikā vēl nebija saules, mēneša un zvaigžņu, un tādēļ zeme bija tumsas pārņemta. Dievs pielika visas pūles, lai piepildītu šo zemi ar visu nepieciešamo. Viņš paredzēja uz zemes visu un izpildīja Savu radīšanu kā rūpīgs tēvs, kurš būvē un labiekārto māju priekš savas ģimenes.

Šis process aprakstīts vienā frāzē: „... un Dieva Gars lidinājās pār ūdeņiem." Tajā laikā Dievs Pats nonāca uz zemes. Viņš pārstaigājis visu zemi, izpētīja, kas vajadzīgs uz zemes un, ko Viņam vajadzētu uz tās radīt. Bībele saka, ka Dieva Gars lidinājās „pār ūdeņiem." Tas liecina par to, ka tajā laikā zemes virsma bija pilnībā pārklāta ar ūdeni. Tāpat kā embrijs aug mātes klēpī augļūdeņos, arī zeme līdz pienāca radīšanas sešas dienas, ilgu laiku bija pārklāta ar ūdeni.

No kurienes tad nāca šis ūdens, kas pārklāja visu zemi? Šis ūdens bija dzīvības ūdens, kurš iztecēja no Dieva troņa. Kad Dievs radīja bezgalīgo garīgo telpu, Viņš radīja dzīvības ūdeni un novirzīja to uz zemi. Iemesls tam, kāpēc Viņš pārklāja šo zemi ar dzīvības ūdeni, ir tajā, lai radītu labvēlīgu vidi visām dzīvām būtnēm, ieskaitot cilvēkus, kuriem nākotnē vajadzēs dzīvot uz šīs zemes.

Izņemot planētu Zeme, mēs neatradīsim nekādu citu planētu saules sistēmā, kura būtu tik ļoti piepildīta ar ūdeni. Un patiešām nav citas tādas pašas planētas, kur būtu pietiekoši ūdens, lai uzturētu dzīvību. Tikai uz zemi Dievs piegādāja dzīvības ūdeni un radīja nepieciešamos apstākļus, pie kuriem var eksistēt viss dzīvais.

Kad Dievs pārklāja zemi ar dzīvības ūdeni, Viņš gribēja, lai visi ļaudis iegūtu Dievā mūžīgo dzīvību. Viņš vēlējās, lai ļaudis, kas dzīvo uz zemes, kļūtu patiesi Dieva bērni ar tīrām, kā dzīvības ūdens, sirdīm.

6. Dieva plāns atdalot gaismu no tumsas.

Un beidzot Dievs ķērās pie pirmās radīšanas dienas. 1. Mozus 1:3-4, teikts: „Un Dievs sacīja: „Lai top gaisma." Un Dievs redzēja gaismu labu esam, un Dievs šķīra gaismu no tumsas."

Dievs teica: „Lai top gaisma." Šeit runa iet par garīgo gaismu, un šī gaisma nāk no Dieva Troņa. Viņā ir spēks un Dievišķās Trīsvienības sākums. Dievs pārklāja zemi ar šo gaismu un ielika zemes pamatus, lai tā nebūtu neiztaisīta un tukša, bet funkcionētu saskaņā ar noteiktu kārtību un sistēmu.

Tā, 1. Mozus 1:4-5, teikts: „Un Dievs redzēja gaismu labu esam un Dievs šķīra gaismu no tumsas. Un Dievs nosauca gaismu: diena, - un tumsu nosauca: nakts. Un tapa vakars un tapa rīts – viena diena."

Pavēlot: „Lai top gaisma," Dievs noteica uz Zemes dabas pamatlikumus, un pat pie tā, ka vēl nebija ne saules, ne mēness, tā sāka funkcionēt tā, it kā saule un mēness jau būtu. Dienas un nakts maiņas kārtība jau bija Dieva apstiprināta, bet saule un mēness bija radīti vēlāk, lai valdītu pār dienu un nakti.

Bet garīgā jēga atdalot dienu no nakts bija svarīgāka, nekā fiziskā. Tā ir tajā, ka pirmajā radīšanas dienā Dievs izlaida luciferu un daļu kritušo eņģeļu no pazemes, un tādā veidā bija noformēta ļauno garu pasaule. Dievs zināja, ka priekš cilvēces pilnveidošanas nepieciešama garīgās gaismas un tumsas eksistence – tāpat, kā uz zemes viss pakļaujas dienas un nakts ciklam. Viņš visu saplānoja līdz laiku sākumam un, kad pienāca laiks, Viņš deva luciferai, kura nodeva Dievu, varu pārvaldīt tumsu.

Bet tas nenozīmē, ka viņai bija tāda pat vara, kā Dievam – Trīsvienībai un visa visuma Valdniekam. Viņš pieļāva ļauno garu pasaules eksistenci noteiktos apstākļos un tikai ar mērķi, lai veidotu cilvēci, priekš tā, lai cilvēces veidošana notiktu godīgi, taisnīguma rāmjos. Īstenībā lucifera, tumsas valdniece, pirms tam piederēja gaismas pasaulei, bet viņa to pameta un padevās iznīcībai. Un tomēr, viņa vienalga pakļaujas absolūtai Dieva varai un spēkam.

Dievs atvēlējis vietu otrajās debesīs tumsas pasaulei.

1. Mozus 1:6-8, teikts: „Tad Dievs sacīja: Lai top debesjums starp ūdeņiem, un tas, lai nošķir ūdeņus no ūdeņiem! Un Dievs taisīja debesjumu un šķīra ūdeņus, kas bija zem debesjuma, no ūdeņiem, kas bija virs debesjuma,- un tā ir. Un Dievs nosauca debesjumu par debesīm. Un bija vakars, un bija rīts – otrā diena."

Ar dzīvības ūdeni, kas nāca no Dieva Troņa, Dievs nostiprināja zemi, kura ir dzīvības vieta, lai veidotu cilvēci. Pēc tam viņš radīja debesjumu. Ar vārdu „debesjums" starp ūdeņiem domāta Dieva radītā atmosfēra. Dievs sadalīja ūdeni, kas pārklāja zemi, uz ūdeni zem debesjuma un ūdeni virs debesjuma.

Ūdens zem debesjuma bija ūdens, kas palika uz zemes. Trešajā dienā ūdens bija savākts vienā vietā, lai noformētos okeāns; un tas kļuva par avotu, lai uz zemes veidotos citas ūdens tilpnes, tajā skaitā upes un ezeri. Ūdeņi virs debesjuma bija paredzēti priekš tādām meteoroloģiskām parādībām, kā mākoņu veidošanās un nokrišņu parādīšanās, bet pamatā šis ūdens bija paredzēts, lai to lietotu Ēdenes dārzā.

Kad Bībele runā par debesjumu, tad runa ir ne tikai par debesīm, kuras mēs redzam. 1. Mozus, 1. nodaļā, rakstīts, ka viss, ko Dievs radīja sešās dienās, bija labs. Izņemot otro dienu, kad Dievs neteica, ka tas ir labs. Iemesls tajā, ka otrajā dienā Dievs atļāva ļaunajiem gariem veidot tumsas pasauli otrajās debesīs, lai viņi valdītu gaisā un vēlāk būtu pielietoti kā instrumenti cilvēces pilnveidošanas procesā.

Vēstulē Efesiešiem 2:2, teikts: „... kuros reiz dzīvojāt, pakļauti šīs pasaules varas nesējam, gaisa valsts valdniekam, garam, kas vēl tagad ir spēcīgs nepaklausības bērnos." Ar to pateikts, ka ir tumsas teritorija, kur „gaisā" mājo ļaunie gari. Šī ir telpa, kas atrodas austrumos no Ēdenes dārza. Ļaunie gari tur dzīvos līdz cilvēces pilnveidošana būs pabeigta.

Kā jau iepriekš teikts, Ēdenes dārzs atrodas otrajās debesīs. Šeit nodalīta arī telpa, kas paredzēta priekš Septiņgadu Kāzu Mielasta, kurš būs rīkots pēc cilvēces pilnveidošanas procesa beigām. Tā ka otrajā dienā tika radīta tumsas teritorija, kurā valda ļaunie gari, Dievs neatzīmēja, ka tas bija labi.

Ļauno garu pasaule.

Līdz tam, kad lucifera sāka pārvaldīt tumsu, viņa daudz ko iemācījās, atrodoties Dieva Tēva tuvumā. Viņa redzēja, kā Dievs pārvalda bezgalīgo garīgo pasauli caur eņģeļiem un ķeburiem un, kad viņa veidoja ļauno garu pasauli, viņa sāka atdarināt Dievu. Viņa radīja divas sistēmas, lai nodotu pavēles un vadītu tumsas pasauli. Viena no tām – tie ir drakoni un to eņģeļi, bet cita – sātans un velns.

Pirmkārt, lucifera piešķīra drakoniem operatīvo varu, kā armijas ģenerāļiem, un nodeva viņu pakļautībā eņģeļus, lai tie izpildītu viņu pavēles. Četri drakoni, kuri „valda gaisā,” kontrolē tumsas ļaudis, lai piespiestu viņus pakļauties tiem. Drakoni nokļūst tajās vietās, kur eksistē elku kalpība, un, kā rezultātā, ļaudis tos pielūdz.

Darbojoties caur sātanu, „aiz kulisēm” visam valda lucifera. Sātans, esot ar vienu sirdi un domām ar luciferu, kontrolē ļaužu domas, piepildot tās ar nepatiesību. Sātanam nav noteiktas formas, un viņš izskatās, kā tumši dūmi. Šī iemesla dēļ tiem, kas atrodas zem sātana kontroles, seja ir kā ierāmēta tumšā mākonī. Bet dažiem ļaudīm arī viss ķermenis no galvas līdz pēdām, ietīts kā tumšos dūmos.

Bet velns pavedina ļaudis realizēt domas, kas naidīgas patiesībai, darbos. Daži no kritušiem eņģeļiem, kurus izlaida kopā ar luciferu, darbojas kā velns. Velna darbi ir pretēji eņģeļu darbiem, un tērpts viņš viss melnā.

Kad cilvēks padodas velna pavedināšanai un nododas grēkiem, atdodot tam visu savu sirdi, tad dēmoni to pilnībā pakļauj sev. Dēmoni – tie ir ļaunie gari, bet viņi atšķirībā no eņģeļiem, nav garīgas būtnes, ko radījis Dievs. Viņi kādreiz bija cilvēki, kuri dzīvoja uz šīs zemes. Daži no ļaudīm, kuri nomiruši nesaņemot glābšanu, īpašos gadījumos atgriežas uz zemi, kļūstot par instrumentiem ļauno garu rokās.

Ļauno garu pasauli noformēja tās līdere – lucifera, un šī pasaule pretojas Dieva darbiem. Ļauno garu pūles veltītas tam, lai aizvilktu uz elli kaut vai vēl vienu dvēseli. Dievs deva luciferai un ļaunajiem gariem varu pār tumsu priekš tam, lai iegūti patiesus bērnus pateicoties cilvēces pilnveidošanai. Patiesie bērni ir tie, kas iegūst Dieva līdzību, dzīvo gaismā un patiesībā. Viņi tic Dievam, Glābējam Jēzum Kristum, mīl Dievu un paklausa Viņam labprātīgi.

Ļauno garu pasauli var salīdzināt ar mēslojumu, kuru fermeris iestrādā zemē. Ķīmiskais mēslojums satur indi un ir kaitīgs cilvēkam, ja nokļūst viņa organismā. Bet, ja ar to mēslo augsni tīrumos, tad tas palielina to ražību. Tieši tāpat caur luciferas un ļauno garu viltībām, kuri naidojas ar Dievu un vedina Dieva bērnus darīt grēkus, mēs nonākam pie apziņas par to, cik neganta ir tumsa un, cik salīdzinot ar to ir brīnišķa gaisma. Un tad mūsos arvien vairāk un vairāk aug vajadzība un vēlme kļūt par Gaismas bērniem. Tas ir, galu galā lucifera un ļaunie gari Dievam palīdz cilvēku audzināšanas procesā.

Dievs devis ļaudīm izvēles brīvību, tādēļ viņi pēc savas gribas var izvēlēties starp gaismu vai tumsu. Dievs mājo gaismā, un vēlēšanās būt gaismā, tas ir tuvāk Dievam, dabīga priekš tiem, kas mīl Dievu. Tā caur cilvēces pilnveidošanas procesu, Dievs iegūst patiesus bērnus. Dievs – tā ir patiesā Gaisma, un ļaudis novērsušies no tumsas, ieiet gaismā un kļūst līdzīgi Dievam. Šos ļaudis var nosaukt par patiesiem Dieva bērniem. Viņus sagaida mūžīga dzīve ar Kungu gaismas pasaulē. Viņi baudīs laimi un godu, ko Dievs dāvās mūžīgi.

Gaismas un tumsas teritorija eksistē otrajās debesīs.

Dievs valda pār gaismas teritoriju. Gaismas teritorijā atrodas Ēdenes dārzs otrajās debesīs, trešās debesis, kur novietota Debesu Valstība, un ceturtās debesis – Dieva iesākuma telpa.

Otrajās debesīs gaismas teritorija robežojas ar tumsas teritoriju. Kā jau es teicu Dievs atdalīja gaismu no tumsas pirmajā radīšanas dienā. Lucifera un ļaunie gari, izlaisti pirmajā dienā, sākot ar otro radīšanas dienu sāka mājot tumsas teritorijā otrajās debesīs. Dievs pieļāva tiem atrasties tumsas teritorijā otrajās debesīs visu cilvēces pilnveidošanas periodu.

Un tā, kādas telpas eksistē gaismas teritorijā otrajās debesīs?

Vienu no tām Kungs ir sagatavojis priekš Septiņgadu Kāzu

Mielasta. Nākotnē, izglābtās dvēseles, cilvēces pilnveidošanas augļi, kļūs par šī Mielasta dalībniekiem. 1. Vēstulē Tesaloniķiešiem 4:17, teikts: „Pēc tam mēs, dzīvie, kas vēl pāri palikuši, kopā ar viņiem tiksim aizrauti gaisā, padebešos, pretim Tam Kungam. Tā mēs būsim kopā ar to Kungu vienmēr." Šajā pantā vārdi „padebešos" norāda tieši uz šo gaismas teritoriju otrajās debesīs.

Cita gaismas teritorija ir Ēdenes dārzs. Daudz ļaužu domā, ka šis dārzs bijis uz zemes. Viņi to meklēja Izraēlā vai citās Tuvo Austrumu daļās. Bet līdz šim laikam nevienam vēl nav izdevies atrast Ēdenes dārza pēdas. Tādēļ, ka Ēdenes dārzs bija izvietots ne uz zemes, bet otrajās debesīs, kuras atrodas garīgajā pasaulē.

Dievs radīja pirmo cilvēku Ādamu uz zemes, bet vēlāk aizsūtīja viņu uz Ēdenes dārzu. Tādēļ, ka Ādams bija radīts no zemes pīšļiem, bet nebija fiziska būtne. 1. Mozus 2:7, teikts: „Un Dievs Tas Kungs radīja cilvēku no zemes pīšļiem un iedvesa viņa nāsīs dzīvības dvašu; tā cilvēks tapa par dzīvu dvēseli."

Ādams kļuva par dzīvu būtni, dzīvu garu, tādēļ ka Dievs iepūta viņā dzīvības elpu. Fiziskā pasaule nederēja Ādamam, jo viņš bija garīga būtne; priekš tā eksistēja Ēdenes dārzs – garīgā telpa, izvietota otrajās debesīs.

Ēdenes dārzs pieder pie garīgās pasaules, bet atšķiras no Debesu Valstības trešajās debesīs. Tā ir garīgā pasaule, bet, ja ļaudis no turienes atnāktu uz zemi, tad tos varētu redzēt un tiem pieskarties. Ēdenes dārzs atgādina dārzus uz zemes, tomēr augi un dzīvnieki tur nekad nemirst, tādēļ ka viņi ir daļa no garīgās pasaules. Tas ir ļoti tīrs un sakopts un apkārtējā vide tur saglabājas kā radīšanas laikā. Tās teritorijas plašumu grūti aptvert. Tā ka Ādams bija dzīvs gars, Dievs izņemot zemi radīja viņam arī Ēdenes dārzu otrajās debesīs.

Trešās un ceturtās debesis.

Trešās debesis – tā ir vieta, kur izvietota Debesu Valstība. Tur atrodas Dieva Tronis, un tur mūžīgi dzīvos Dieva bērni, Jēzus Kristus izglābtie. Apustulis Pāvils bija paņemts uz trešajām debesīm un redzēja Paradīzi. Atklāsmes 21. nodaļā, apustulis Jānis detalizēti apraksta debesu pilsētu Jauno Jeruzalemi. Mēs redzam, ka Debesu Valstība – tā nav viena plaša telpa, bet daudz dažādu mājvietu.

Pirmkārt, tā ir Paradīze, kuru redzēja apustulis Pāvils. Tā paredzēta tiem atgrieztajiem, kuru ticība tik tikko atļauj viņiem saņemt glābšanu (Lūkas 23:42-43). Ļaudis ar lielāku, nekā viņiem, ticību ieies Pirmajā Debesu Valstībā, bet ar vēl lielāku ticību – Otrajā Debesu Valstībā.

Ļaudis, kas atbrīvojušies no visiem grēku veidiem un kļuvuši sirdsšķīsti, nokļūs trešajās debesīs. Tie, kas ne tikai brīvi no visiem ļaunuma veidiem, bet arī ieguvuši Dievam tīkamu ticību, tas ir iegājuši gara pilnībā, dzīvos Jaunajā Jeruzālemē, kur atrodas Dieva Tronis. No visām mājvietām trešajās debesīs pašu spožāko gaismu izstaro Jaunā Jeruzaleme. Gaismas spožums mazinās pēc tās attāluma no Jaunās Jeruzalemes. Paradīze – vieta ar visvājāko gaismas spožumu. Bet pirmās debesis kurās mēs dzīvojam, nevar nekā salīdzināt ar to. Paradīzes dārzs ir daudz krāšņāks un skaistāks pat par Ēdenes dārzu, kurš atrodas otrajās debesīs.

Ceturtās debesis – tā ir telpa, kurā Dievs iesākumā eksistēja viens. Šī telpa pieder tikai Trīsvienīgajam Dievam. Ceturtās debesis – tā ir tā vieta, kurā Dievs sakoncentrēja visu Savu gaismu. Šīs debesis atrodas tajā pašā dimensijā, kur iesākuma visums. Pirmajās, otrajās un trešajās debesīs ir atšķirīgs laika tecējums. Bet par ceturtajām debesīm mēs varam teikt, ka tur nez vai eksistē laika tecējums, un tur nav nekādu laika ierobežojumu. Bez tam, Dievs var tur darīt visu, ko vēlas un tas nozīmē, ka tur nav telpisku ierobežojumu.

Neviens nevar ieiet šajā telpā pēc savas gribas, izņemot Trīsvienīgo Dievu. Tikai daži erceņģeļi un īpašas personas no Jaunās Jeruzalemes var ieiet šajā telpā ar Dieva atļauju. Ja kāds ieies tajā bez Dieva atļaujas, tad viņa gars sairs un izkūpēs kā dūmi.

Līdz šim laikam mēs runājām par bezgalīgo garīgo pasauli. Sākotnējās telpas sadalījums pirmajās, otrajās, trešajās un ceturtajās debesīs bija daļa no Dieva sākuma plāna, lai iegūtu patiesus bērnus. Tieši tāpat kā eksistē daudz līmeņu „debesu" telpu, eksistē arī līmeņi, kuri attiecas uz telpu „zeme." Tas ir – Augšējais kaps, Apakšējais kaps, elle un pazeme.

Augšējais kaps un Apakšējais kaps.

Dievs sauc par „Debesīm" to telpu, kura pieder Viņam, bet to, kas pieder ienaidniekam velnam un sātanam sauc par „zemi." Bet ir izņēmums, kāds arī ir Augšējais kaps.

Izglābtās dvēseles, pirms tam kā doties uz pagaidu vietu Paradīzē, atradīsies Augšējā kapā trīs dienas. Garīgajā pasaulē Augšējo kapu visdrīzāk attiecina pie „zemes," nekā pie Debesīm. Bet tas nenozīmē, ka tā ir tumsas pasaules daļa. Augšējais kaps – tā vēl arī ir gaismas teritorija, kas pieder Dievam un ienaidnieks, velns un sātans nevar ieiet tajā. Tā protams atšķiras no Apakšējā kapa, kas atrodas tumsas kontrolē. Augšējais kaps ir gaismas un patiesības teritorija.

Un tomēr to attiecina uz „zemi," jo tā nav labāka kā Ēdenes dārzs, kurš novietots otrajās debesīs. Tādēļ, kad Bībele runā par izglābtajiem, kas dodas uz Augšējo kapu, tad ir teikts, ka viņi nolaidušies, nevis pacēlušies.

1. Mozus 37:35, teikts: „Tad cēlās visi viņa dēli un visas viņa meitas, lai viņu mierinātu, bet viņš negribēja ļaut mierināties un sacīja: „Sērodams es sekošu savam dēlam uz pazemi!" Un viņa tēvs to apraudāja." Ar pazemi šeit domāts Apakšējais kaps, kas paredzēts tiem, kas nav glābti; Augšējais kaps ir priekš tiem, kas izglābti.

Un vēl 1. Samuēla 28:12-13, teikts: „Kad šī sieva ieraudzīja Samuēlu, tad tā iebrēcās ar skaļu balsi un Saulam sacīja: „Kāpēc tu mani esi pievīlis? Tu esi Sauls!" Un ķēniņš viņai sacīja: „Nebīsties! Bet ko tu redzi?" Un sieva sacīja Saulam: „Es redzu pārcilvēcisku būtni kāpjam ārā no zemes." Šajā gadījumā sieviete, kura bija burve, izbrīnījās, kad ieraudzīja mirušo Samuelu. Samuels bija Augšējā kapā, tādēļ šeit teikts, ka viņš iznāca no zemes.

Protams tas nenozīmē, ka sieviete – burve izsauca Samuela garu. Burvjiem un zīlniekiem nav tāda spēka, kas vajadzīgs, lai kontaktētos ar Dievu, vai izsauktu ļaunos garus. Viņi var tikai kontaktēties ar tumsas teritoriju un izsaukt dēmonus.

Tomēr šis bija īpašs gadījums. Dievs speciāli atveda Samuēlu, kurš atradās Augšējā kapā, lai viņš aiznestu viņiem Dieva gribu. Dievs jau bija atstājis nepaklausīgo Saulu, bet tomēr deva viņam īpašu labvēlību, tādēļ ka Sauls vēl joprojām bija Izraēla ķēniņš; un Dievs pie tam atcerējās par to, ka Samuels, vēl dzīvs esot, lūdzās ar asarām un vaidiem, lai viņš atgrieztos no grēka un nepaklausības ceļiem.

Samuels atradās Augšējā kapā, jo viņš mira pirms tam, kad Jēzus nomira pie krusta. Tikai pēc Savas nāves pie krusta un Augšāmcelšanās Jēzus paņēma dvēseles no Augšējā kapa uz pagaidu vietu Paradīzē. Līdz Kristus augšāmcelšanai, izglābtās dvēseles palika Augšējā kapā kopā ar Abrahāmu, ticības tēvu, kuram bija uzdots pārvaldīt Augšējo kapu. Lūk, kādēļ Bībele saka, ka mirušās dvēseles devās uz Ābrahāma klēpi. Lūkas Evaņģēlijā 16:22, teikts: „… nabagais nomira – un eņģeļi viņu aiznesa Ābrahāma klēpī. Arī bagātnieks nomira un tika aprakts."

Bībele nedod precīzu aprakstu atšķirībai starp Augšējo un Apakšējo kapu; tajā vienkārši runāts, ka ļaudis dodas uz pazemi, kas vēl pazīstama kā Hadesa. Bet līdzībā par bagāto un nabago Lācaru Jēzus runā par dažādām vietām, kas sagatavotas priekš tiem, kas izglābti un tiem, kas nav izglābti. Lācars saņēmis glābšanu bija aiznests uz Ābrahāma klēpi, tas ir Augšējo kapu; un tā vieta atšķīrās no Apakšējā kapa, kurp devās bagātnieks. Starp tām – liels bezdibenis, un neviens nevar to pāriet, lai apciemotu cits citu. Kad mēs skaidrojam, ko nozīmē Debesis un zeme garīgajā pasaulē, tad sakām, ka Augšējais kaps – tā ir zemes daļa, bet tā tomēr ir gaismas teritorija, kura pieder Dievam.

Ellē ir uguns jūra un degoša sēra jūra.

Tumsas teritorijā vēl bez Apakšējā kapa ir tāpat uguns jūra un degošā sēra jūra. Nomirstot neizglābtās dvēseles cieš Apakšējā kapā, bet pēc Lielās Tiesas viņas dosies, vai nu uz uguns jūru vai degoša sēra jūru. Taisnā tiesa, izslēdzot jebkuru kļūdu, notiks saskaņā ar dzīvības Grāmatu, kurā ierakstīti izglābto vārdi un saskaņā ar citām grāmatām, kur aprakstīti katra cilvēka darbi.

Atklāsmes 20:12-15, runāts par to, kā notiks Tiesa: „Es redzēju mirušos, lielos un mazos, stāvam goda krēsla priekšā; un grāmatas tika atvērtas. Tika atvērta vēl cita grāmata, tā ir dzīvības grāmata. Mirušie tika tiesāti pēc tā, kas rakstīts grāmatās, pēc viņu darbiem. Jūra atdeva savus mirušos, nāve un viņas valstība atdeva savus mirušos; un tie tika tiesāti, ikviens pēc viņa darbiem. Arī nāvi un nāves valstību iemeta uguns jūrā. Šī ir otrā nāve – uguns jūra. Ja kas nebija rakstīts dzīvības grāmatā, to iemeta uguns jūrā.”

Ar „mirušiem" šeit domāti tie, kas nav pieņēmuši Jēzu Kristu, vai tie, kuru ticība mirusi. Viņi stāsies Dieva Troņa priekšā tiesai, un ir grāmata, kura būs atvērta. Vēl bez dzīvības Grāmatas ar izglābto ļaužu vārdiem, ir arī citas grāmatas, kur pierakstīti katra miruša cilvēka darbi, kas nav saņēmuši glābšanu. Eņģeļi pieraksta ne tikai cilvēku darbus, bet tāpat arī viņu domas un to, kas viņiem uz sirds un prātā no dzimšanas līdz nāvei. Nesaņēmušie glābšanu, būs tiesāti saskaņā ar viņu izdarīto grēku daudzumu, kas pierakstīts šajā grāmatā, un viņi saņems mūžīgo sodu.

„Jūra" norāda uz cilvēces veidošanas vietu, kas ir mūsu zeme. Tādā veidā, teiciens „jūra atdeva savus mirušos" nozīmē, ka pasaule atdos viņu mirušos fiziskos ķermeņus tiesai. Ja ļaudis nomirst nesaņēmuši glābšanu, viņu gars būs ieslodzīts Apakšējā kapā, bet viņu ķermeņi pārvērtīsies pīšļu saujā uz šīs zemes. Bet Pēdējās Tiesas dienā gari no Apakšējā kapa iegūs attiecīgus ķermeņus, lai stātos Tiesas priekšā.

Un vēl tur teikts: „... nāve un viņas valstība atdeva savus mirušos." Tas nozīmē, ka Apakšējā kapa iemītnieki, nolemtie mūžīgai nāvei par saviem grēkiem, stāsies Dieva priekšā, lai tos sodītu. Līdz tiesas dienai Lielā Baltā Troņa priekšā, viņi saņems dažādus sodus Apakšējā kapā, tajā skaitā tos grauzīs kukaiņi vai dzīvnieki, vai tos spīdzinās elles sūtņi.

Pēc Lielās Tiesas viņi nokļūs, vai nu uguns jūrā, vai degoša sēra jūrā (Atklāsmes 21:8). Sāpes, kuras cietīs dvēseles uguns jūrā daudz stiprākas par sāpēm, ko viņi cieta Apakšējā kapā. Tās cietīs un tiks sālītas ugunī, kur „viņu tārps nemirst, un uguns neizdziest," (Marka 9:47-49). Degošā sēra jūra – tā ir vieta, kas paredzēta tiem, kas darījuši nāves grēkus: zaimoja Svēto Garu un pretojās Svētā Gara darbam. Tā ir septiņas reizes karstāka par uguns jūru.

Pazeme.

Pati dziļākā tumsas teritorijas daļa ir pazeme, kurp dosies ļaunie gari. Pēc Kunga atgriešanās padebešos izglābtie Dieva bērni piedalīsies Septiņgadu Kāzu Mielastā gaisā. Tajā pašā periodā uz zemes pienāks ciešanu laiks. Ļaunie gari, kuri ir gaisā, nonāks uz zemes, sagrābs varu. Pasaule būs iznīcināta Trešajā pasaules karā, un lielas traģēdijas, it kā tas notiktu ellē, būs uz zemes. Pēc Septiņu lielo bēdu gadiem ļaunie gari būs ieslēgti pazemē, un uz zemes sāksies Tūkstošgadu Valsts.

Dieva bērni pabeiguši Septiņu gadu Kāzu Mielastu Gaisā, nonāks uz šo zemi ar Kungu un valdīs ar Viņu tūkstoš gadus (Atklāsmes 20:4). Zeme, kas Septiņu bēdu gados būs iztukšota, pa šo laiku būs pilnībā atjaunota un kļūs brīnišķa. Tūkstošgadu Valsts beigās pēc Dieva plāna ļaunie gari vēl reizi būs uz neilgu laiku izlaisti, bet pēc Tiesas Lielā Baltā Troņa priekšā viņi būs no jauna ieslodzīti pazemē.

Kamēr nav notikusi Tiesa Lielā Baltā Troņa priekšā, Apakšējo kapu pārvalda lucifera un tās padotie. Taču pēc Tiesas Apakšējais kaps un elle būs tikai zem Dieva spēka kontroles. Ļaunos garus, tāpat kā atkritumus, izmetīs pazemē, kur ir ļoti tumšs un auksts. Tur viņi, kā piespiesti pie milzīgas klints, nevarēs pat pakustēties.

Turpat būs iemesti arī kritušie eņģeļi, kuriem kā lāsta un kauna zīme, būs atņemti spārni.

Izklausās tā, it kā būt iemestiem pazemē mazāk briesmīgi, nekā pārciest sāpes un sodu ellē, bet tas nav tā. Tāpat kā pieaug spiediens pēc iegrimšanas dziļumā ūdenī, tāpat aizvien stiprāks un stiprāks kļūst spiediens uz ķermeni, kad to nolaiž ellē. Pazeme – tā ir pati dziļākā elles vieta, un visa miesīgā enerģija sakoncentrēta šajā vietā. Atrasties pazemē – vēl briesmīgāks un sāpīgāks sods, nekā elles sūtņu spīdzināšanas Apakšējā kapā vai ciešanas uguns vai degošā sēra jūrā.

Iedomājieties, ka jūs esat iemūrēti it kā lielā betona monolītā un neesat spējīgi pat pakustēties. Jūs atrodaties pie apziņas, bet nevarat ne elpot, ne aci pamirkšķināt. Jūs – it kā dzīvs esat apbedīts. Esot iemūrēts, jūs cietīsiet neizturamas sāpes, izmisumu un spiedienu, kas spiedīs jūs tik stipri, ka liekas jūs tūlīt- tūlīt būsiet saspiests.

Līdz tam, kad lucifera nogāja neceļos, viņa bija Dieva ļoti mīlēta, bet par sacelšanos pret Dievu viņa tiks nodota mūžīgam lāstam. Dievs nesāka sodīt luciferu uzreiz tūlīt pēc tam, kad viņa sacēlās. Viņa bija tikai parasta būtne, un Dievs varēja viņu tūlīt iznīcināt, bet Viņš tā nerīkojās, un tam bija iemesls.

Iemesls tāds, ka mēs kļūsim patiesi Dieva bērni pateicoties tam, ka ir lucifera, kura pārvalda tumsu cilvēces izaudzēšanas gaitā. Tajā laikā, kad ienaidnieks velns staigā kā rūcošs lauva, meklējot ko varētu aprīt, mēs esot nomodā un lūdzoties varam mainīties, kļūstot par gaismas bērniem, kuri ieguvuši Dieva līdzību. Dievs vēlas dalīt mūžīgo laimi ar Saviem gaismas bērniem Jaunajā Jeruzalemē, kas ir gaismas telpa. Bet kādas īpašības ļaus mums ieiet šajā gaismas telpā?

Īpašības, kas nepieciešamas, lai ieietu gaismas telpā

Gaisma un tumsa nevar būt kopā. Ceļā uz gaismas telpu mums jāatrisina tumsas problēma. Jo vairāk mēs esam sadraudzībā ar Dievu, Kurš ir Gaisma un iegūstam līdzību ar Jēzus Kristus sirdi, jo gaišāka telpa, kurā mēs ieiesim.

1. Gaismas bērni kādus vēlas Dievs.

2. Būt labprātīgiem darbos, esot ar Gara sirdi.

3. Pienest taisnības gara augli ar ticību.

4. Pienest uzticības augli ar saviem darbiem.

5. Gaismas auglis ved mūs uz gaismas telpu.

Pēc zemes dzīves pabeigšanas, cilvēkiem nāksies mājot, vai nu gaismas telpā, vai tumsas teritorijā. Tā kā cilvēka gars nevar izzust, tad viņam vajadzēs iet, vai nu uz Debesīm, vai uz elli.

Par to Vēstulē Ebrejiem 9:27, teikts: „Un kā cilvēkiem nolemts vienreiz mirt, bet pēc tam tiesa..." Un Jāņa Evaņģēlijā 5:29 rakstīts: „Un nāks ārā: tie, kas labu darījuši, lai celtos augšām dzīvībai, bet tie, kas ļaunu darījuši, lai celtos augšām sodam." Zemes dzīves beigas – tās vēl nav beigas. Ir dzīve nākošā mūžīgā, un pēc fiziskās dzīves pabeigšanas uz šīs zemes, ir tikai divas alternatīvas: vai uziet Debesīs, vai doties uz elli. Mīlestības Dievs vēlas, lai katrs no mums saņemtu glābšanu un baudītu laimi gaismas teritorijā. Pirmā Pētera vēstulē 2:9, teikts: „Bet jūs esat izredzēta cilts, ķēnišķīgi priesteri, svēta tauta, Dieva īpašums, lai jūs paustu tā varenos darbus, kas jūs ir aicinājis no tumsas savā brīnišķīgajā gaismā."

Tagad pārbaudīsim, vai mēs varēsim ieiet Viņa brīnišķīgajā gaismas telpā, kā ķēnišķīgi priesteri.

1. Gaismas bērni kādus Dievs vēlas.

Apustulis Pāvils saka par Dievu sekojošo: „Kam (Dievam) vienīgajam ir nemirstība, kas dzīvo nepieejamā gaismā, kuru neviens cilvēks nav redzējis, nedz arī var redzēt, - Viņam, lai ir gods un mūžīga vara! Āmen!" (1.vēst. Timotejam 6:16). Tātad, Dievs mājo gaismā, Viņš ir mūžīgs un pilnīgs. Pirmajā Jāņa vēstulē 1:5, rakstīts: „Šī ir tā vēsts, ko esam no viņa dzirdējuši un pasludinām jums, ka Dievs ir gaisma, un viņā nav it nekādas tumsības."

Jēkaba vēstulē 1:17, tāpat teikts: „... pie kura nav ne pārmaiņas, ne pārgrozības ēnas." Dievs ir gaisma, Kuram nav pat ēnas. Šī iemesla dēļ Bībele daudz reižu saka mums, ka mums jākļūst par gaismas bērniem un jākļūst līdzīgiem Dievam.

Pirmajā vēstulē Tesaloniķiešiem 5:5, mēs lasām: „Jūs esat gaismas bērni un dienas bērni. Mēs nepiederam ne naktij, ne tumsai"; bet Vēstulē Efeziešiem 5:8-9, rakstīts: „Jo reiz jūs bijāt tumsa, bet tagad esat gaisma Savā Kungā! Dzīvojiet kā gaismas bērni. Gaismas auglis viscaur ir labprātība, taisnība, patiesība." Mateja Evaņģēlijā 5:14-16 ir tādas rindas: „Jūs esat pasaules gaisma; pilsēta, kas stāv kalnā, nevar būt apslēpta. Sveci iededzinājis, neviens to neliek zem pūra, bet lukturī; tad tā spīd visiem, kas ir namā. Tāpat, lai jūsu gaisma spīd ļaužu priekšā, ka tie ierauga jūsu labos darbus un godā jūsu tēvu, kas ir debesīs."

Gaisma un tumsa nevar būt kopā, lai ieietu gaismas telpā, mums jāatrisina tumsas problēma.

Tātad, kas tad ir tumsa, no kuras mums jāatbrīvojas, lai kļūtu par gaismas bērniem? Vienkāršāk runājot tumsa – tas ir viss, kas attiecas uz grēku. Tie ir miesīgie nodomi un miesas darbi, par kuriem sīkāks skaidrojums dots pirmajā grāmatas „Gars, dvēsele un miesa" daļā.

Miesas darbi – tie ir grēki, kas darīti darbos, bet miesīgie nodomi – grēcīgās vēlmes un domas. Piemēram, nešķīstība, skopums, ļaunums un skaudība – tās visas ir netaisnības izpausmes par kurām runāts 1. Vēstules Romiešiem nodaļā. Bez tam saskaņā ar 5. Vēstules Galatiešiem nodaļu, miesas darbi ir laulības pārkāpšana, netiklība, nešķīstība, izlaidība, burvestība, ienaids, strīdi, nenovīdība, skaudība, naids, šķelšanās, nesaticība, ķecerība, slepkavība, dzeršana, dzīrošana un tamlīdzīgas lietas.

Ir tādas lietas, kuras neizskatās tumsa priekš mums, bet tās ir ļaunums Dieva acīs. Kā tumsa nevar pastāvēt gaismas priekšā, tāpat arī grēki un ļaunums, kas pieder tumsai nevar paslēpties, kad tos apspīd gaisma un patiesība. Ar Dieva Vārdu palīdzību, kas ir gaisma, mēs varam apzināties to tumsu, par kuru mēs paši pat nenojautām.

Piemēram, Jēzus skaidroja, ka drīzumā Viņam jāmirst Jeruzalemē, Pēteris mēģināja apturēt Jēzu, tādēļ ka mīlēja Viņu. Tad Jēzus norāja Pēteri sakot: „Atkāpies no Manis, sātan!" (Mateja 16:23).

Pēteris domāja, ka viņa pienākums – apturēt Jēzu, bet Dieva acīs tā bija tumsas izpausme. Dieva griba bija tajā, lai Jēzus būtu piesists krustā un būtu atvērts glābšanas ceļš. Pateicoties šim pārmetumam Pēteris kļuva pazemīgs apustulis, kurš cēla augšā no mirušajiem; un tikai vienā dienā, pēc Svētā Gara dāvanas saņemšanas, viņš pieveda pie grēku nožēlas ļaužu tūkstošus.

Kā jau bija teikts, katram, kas grib būt gaismas teritorijā, jāiziet no tumsas pasaules un jārīkojas kā gaismas bērnam. Tagad izskatīsim konkrētāk, ko tieši mums jādara.

2. Būt labprātīgiem darbos, esot ar Gara sirdi.

Lai ieietu gaismas telpā, mums, pirmkārt, jānožēlo, jaizsūdz neticības grēks Dievam un jāpieņem Jēzus Kristus. Tie, kas saņem grēku piedošanu, noticot Jēzum Kristum, varēs ieiet gaismas telpā. Vēstulē Romiešiem 3:22, teikts: „Šī Dieva taisnība dota ticībā uz Jēzu Kristu visiem, kas tic. Jo tur nav nekādas starpības.”

Un arī Jāņa Evaņģēlijā 14:6, rakstīts: „Jēzus viņam saka: Es esmu ceļš; patiesība un dzīvība; neviens netiek pie Tēva, kā vien caur mani.” Bet Vēstulē Romiešiem 10:9, teikts: „Jo, ja tu ar savu muti apliecināsi Jēzu par Kungu un savā sirdī ticēsi, ka Dievs viņu uzmodinājis no miroņiem, tu tiksi izglābts.”

Ja mēs ar savām lūpām apliecinām Jēzu kā Kungu un ticam savā sirdī, ka Dievs uzmodinājis Viņu no mirušiem, tad tas nozīmē, ka mēs ticam krusta providencei un augšāmcelšanās spēkam. Tas ir mēs ticam tam, ka Jēzus nomiris pie krusta mūsu vietā, par grēciniekiem, kurus grēks bija nolēmis mūžīgajam sodam, un uz to, ka Viņš izlēja Savas dārgās Asinis, lai izpirktu mūs no visiem grēkiem.

Ja mēs patiesi tam ticam, tad nožēlosim visus savus grēkus ar pateicību Kungam, Kurš cieta par mums, un pieņemsim lēmumu dzīvot gaismā. Dievs nomazgā grēkus tādiem ļaudīm ar Kunga Asinīm un dod tiem dāvanā Svēto Garu. Dievs atzīst viņus par Saviem bērniem un ierakstīs viņu vārdus Dzīvības Grāmatā (Atklāsmes 20:15;21:27). Mēs varēsim baudīt mūžīgo dzīvi Debesīs, kura ir gaismas telpa, ja atzīsimies tajā, ka nedzīvojām pēc Dieva Vārda, novērsīsimies no grēkiem un staigāsim gaismā.

Būt sadraudzībā ar Dievu, Kas ir Gaisma.

1. Jāņa vēstulē 1:6-7, teikts: „Ja mēs sakām, ka mums ir sadraudzība ar viņu un dzīvojam tumsībā, tad melojam un nedarām patiesību. Bet, ja mēs dzīvojam gaismā, kā viņš ir gaismā, tad mums ir sadraudzība savā starpā, un viņa dēla Jēzus asinis šķīsta mūs no visiem grēkiem." Kā tikai mēs pieņemam Jēzu Kristu un saņemam dāvanā Svēto Garu, mums jāiepazīst un jālieto praksē Dieva Vārds, kurš ir patiesība, un tad mēs kļūsim Dieva bērni, un mums būs sadraudzība ar Dievu.

Pirmajā Jāņa vēstulē 2:3, teikts: „No tā mēs noprotam, ka esam viņu atzinuši, ja turam viņa baušļus." Un tepat, 1. Jāņa vēstulē 3:23, teikts: „Bet šis ir viņa bauslis, lai mēs ticam viņa dēla Jēzus Kristus vārdam un mīlam cits citu, kā viņš mums pavēlējis."

Mums jāatbrīvojas ne tikai no grēkiem, kas darīti darbos, bet arī no ļaunuma mūsu sirdī, paklausot Dieva Vārdam, kurš norāda mums uz to, ko nevajag darīt un no kā mums jānovēršas. Un, vēl cītīgi jāpilda Dieva Vārds, kurš liek mums priecāties, pateikties, mīlēt, sevi savaldīt, kalpot citiem un ievērot baušļus. Klausot šiem likumiem pateicoties Dieva žēlastībai un spēkam, ar Svētā Gara palīdzību varēsim izkopt sevī Kunga sirdi.

Mūsu Debesu mājvieta būs atkarīga no mūsu svēttapšanas līmeņa, kuru mēs būsim sasnieguši, un gaismas daudzuma, kuru mēs izstarojam, kļuvuši par garīgi labprātīgiem ļaudīm un esot kontaktā ar Dievu, Kas ir gaisma. Tā ka, lai arī mēs esam saņēmuši glābšanu un ieguvuši īpašības, kas dod tiesības ieiet gaismas telpā, mums ar spēku jāņem Debesu Valstība līdz tam laikam, kamēr neaizsniegsim augstāko mērķi – Jauno Jeruzalemi.

Ir noteikti parametri pēc kuriem var pārbaudīt, kādā mērā mēs esam kļuvuši gaismas bērni. Tādi ir garīgā mīlestība, kas aprakstīta 13. nodaļā 1. vēstulē Korintiešiem; Deviņi Svētā Gara augļi- no Vēstules Galatiešiem 5; svētības likumi- no Mateja 5, un Gaismas augļi – no Vēstules Efesiešiem 5. Un tā, fokusējušies uz šiem Gaismas augļiem, tagad izskatīsim īpašības, kas vajadzīgas tam, lai ieietu gaismas telpā.

Parādiet labprātību darbos ar sirdi, Gara piepildītu.

Vēstulē Efesiešiem 5:9, teikts, ka „Gaismas auglis viscaur ir labprātība, taisnība, patiesība.”

Parādīt labprātību – nozīmē būt ar brīnišķu sirdi, kurā

nav ļaunuma, bet ir labestība. Jūs darāt labu tiem, kam tas ir vajadzīgs, jūs nevienam nedarāt kaitējumu, jūs esat paklausīgi Dieva Vārdam un cenšaties katru jums uzdoto darbu izpildīt pēc iespējas labāk, jo tā jūs esat sapratuši Dieva Radītāja labvēlību, it kā to būtu saņēmuši no pašu vecākiem.

Pasaules ļaudis uzskatīs jūs par labiem, ja jūs neatbildēsiet ar ļaunu pret ļaunu un parādīsiet pacietību. Bet, ja jūs pie tā izjutīsiet diskomfortu vai naidu, vai gan, tad jūs var uzskatīt par patiesi labiem? Ļaužu un Dieva izpratne par labprātību ir pavisam atšķirīgas. Būt uz pirmā labprātības līmeņa, ko atzīst Dievs, tas nozīmē vispār neizjust nekādas nepatīkamas jūtas, un ne tikai neatbildēt uz ļaunu ar ļaunu.

Tam piemērs ir Jāzeps, Jaunavas Marijas vīrs. Mateja Evaņģēlijā 1:19, teikts: „Bet Jāzeps, viņas vīrs, būdams taisns un negribēdams viņai darīt kaunu, taisījās viņu slepeni atstāt." Cik gan nelaimīgam vajadzēja justies Jāzepam, uzzinot, ka viņa līgava Marija bija grūta, kaut arī starp viņiem nebija bijusi tuvība? Parasti ļaudis dziļi cieš vai sāk apvainot sievieti. Bet Jāzepam nebija ļaunuma sirdī, tādēļ viņš vienkārši, nedarot to zināmu, gribēja atlaist viņu.

Otrais labprātības līmenis – tas ir, kad cilvēks dara jums ļaunu, bet jums ne tikai nav naidīgu jūtu pret viņu, bet jūs vēl spējat labiem vārdiem un darbiem mainīt viņa sirdi. Ienaidnieks, velns un sātans, ir pilnīgi bezspēcīgs pret cilvēku, kurš sasniedzis tāda līmeņa labprātību.

Neskatoties uz to, ka Dāvids nebija ne pie kā vainīgs, viņu ilgu laiku vajāja ķēniņš Sauls. Un kādu reizi Dāvidam bija dota ideāla izdevība nogalināt Saulu. Dāvids piedalījās cīņā par savu valsti un izcīnīja uzvaras, bet Sauls tā vietā, lai būtu viņam pateicīgs, apskauda viņu. Ar savu karaspēku viņš vajāja Dāvidu un centās viņu nogalināt.

Kādu reizi Sauls iegāja alā, kurā slēpās Dāvids. Dāvids varēja viņu nogalināt, bet viņš tikai nogrieza Saula drēbju malu. Vēlāk, kad Sauls iznāca no alas Dāvids sauca Saulam un sacīja: „Un nu, mans tēvs, skaties šurp! Tu redzi te savu virssvārku stūri manā rokā, un redzi, es esmu gan nogriezis tavu virssvārku stūri, bet neesmu tevi nogalinājis; tāpēc atzīsti un saproti, ka manā prātā nav nedz ļaunuma, nedz viltus un ka es neesmu pret tevi apgrēkojies, bet tu gan uzglūni manai dvēselei, lai man to atrautu," (Pirmā Samuēla 24:12).

Dāvids uzrunāja Saulu, kurš vajāja viņu, lai nogalinātu. Dāvids ar patiesu lēnprātību vērsās pie Saula: „Mans tēvs!" Viņš patiesībā gribēja nomierināt Saula sirdi, sakot, ka viņš ir tikai kā suns, vai blusa Saula priekšā un viņam nav nekāda nodoma nogalināt Saulu. Sauls bija nekrietns, bet izdzirdējis tādu atzīšanos no labas sirds, viņš bija aizkustināts un apraudājās. Pirmajā Samuēla 24:17-18, par to teikts: „... Vai šī nav tava balss, mans dēls Dāvid? Un Sauls pacēla savu balsi un gauži raudāja. Un viņš sacīja Dāvidam: „Tu esi taisnāks nekā es, jo tu man esi labu darījis, bet es pret tevi biju ļauns."

Sauls bija aizkustināts un atkāpies atgriezās mājās. Ja mēs

atbildam ar labu uz ļauno, tad tas liedz sātanam iespēju ķerties pie darba, un tad pat nekrietni ļaudis var mainīties. Protams, ka Sauls bija tik nekrietns, ka vēlāk ļaunums no jauna parādījās viņā, bet vismaz tajā momentā Dāvida labestība izklīdināja Saula tumsu un apturēja viņu.

Taču ir vēl augstāks labprātības līmenis, kā tas, kad mēs aizskaram citu ļaužu sirdis. Tas ir, kad mēs mīlam savus ienaidniekus un esam gatavi atdot savu dzīvību pat par tiem, kas darījuši mums ļaunu. Tāda ir Dieva taisnība, kad Viņš sūtīja uz zemi Savu Vienpiedzimušo Dēlu, un tāda ir Paša Jēzus Kristus labprātība. Viņš bezvainīgais Dieva Dēls, upurēja Savu dzīvību priekš visas cilvēces.

Tādas labprātības līmeņa esamību var sajust pie Mozus un Pāvila. Kad Dievs bija gatavs iznīcināt visus Izraēliešus par padarītajiem grēkiem. Mozus lūdzās, par viņu glābšanu, pat, ja par to nāktos izdzēst viņa vārdu no dzīvības Grāmatas (2. Mozus 32:32). Apustulis Pāvils sacīja: „Es vēlētos būt nolādēts, atstumts no Kristus, par labu saviem brāļiem, kas pēc miesas ir mani brāļi," (Vēst. Romiešiem 9:3).

Stefans bija moceklis, kuru nomētāja akmeņiem, kad viņš sludināja Evaņģēliju. Viņš bija bez vainas, neturēja nekādu ļaunumu pret tiem, kas nomētāja viņu ar akmeņiem. Vēl vairāk, viņš sauca stiprā balsī: „Kungs, nepielīdzini tiem šo grēku!" (Apustuļu 7:60).

Mūsu dienās tiek uzskatīts, ka attiekties pret ļaudīm godīgi un labi ir muļķīgi, tādēļ ka no tā ir vienīgi zaudējumi. Bet Dievs – pati Labprātība, un, kad jūs sekojat labprātības principiem, Viņš aizsargā jūs ar Savu ugunīgo skatienu, Sava Gara uguns mūri, debesu karapulku un eņģeļiem. Tas atnes lielas svētības un uzplaukumu visā.

Protams, ka reizēm labprātības dēļ nākas sevi ziedot un pielikt noteiktas pūles. Bet labprātīgiem ļaudīm tas nav grūti. Viņiem visdrīzāk sagādā prieku darīt labus darbus. Garīgais spēks nozīmē grēka neesamību, un mūsu garīgā gaisma kļūst spēcīgāka pēc tā mēra, kā mēs atbrīvojamies no grēkiem un kultivējam labprātību. Kā tikai mēs sasniegsim to labprātības līmeni, kādu atzīst Dievs, ļaunums nevarēs mums pieskarties dēļ mūsu gaismas, un mēs varēsim izārdīt ienaidnieka, velna un sātana intrigas (1. Jāņa vēst. 5:18).

3. Pienest taisnības augli ar ticību.

Otrais Gaismas auglis ir taisnīgums. Pilnībā taisnīgums – tā ir dzīve veltīta labiem darbiem, kad cilvēks tā darot negaida neko priekš sevis paša. Bet būt taisnam patiesībā – nozīmē atvairīt grēkus, ievērot Bībelē dotos baušļus, meklēt Dieva Valstību, patiesību un Viņa taisnību, kas atbilst Viņa gribai. Un Daniels – ir viens no labākajiem taisnīguma piemēriem.

Daniels piederēja pie Jūdas cilts ķēniņu dzimtas. Viņš bija saņemts gūstā 605. gadā pirms mūsu ēras, kad Dienvidu Jūdejas ķēniņvalsti iekaroja Babilonas ķēniņš Nebukadnēcars. Starp citas rases jaunajiem talantīgajiem gūstekņiem, kas aizvesti uz Bābeli, bija Daniels un viņa trīs draugi. Ilgu laiku Daniels ieņēma augstu amatu Bābelē. Neskatoties uz to, ka viņš bija gūsteknis, viņš ieņēma augstu stāvokli Bābelē un tāpat bija atzīts, kā patiess Dieva pravietis. Tas izskaidrojams ar to, ka viņš pilnībā paļāvās uz Dievu un glabāja savu ticību.

Kad Daniels pirmoreiz stājās Bābeles ķēniņa priekšā, viņš bija jauneklis. Un viņu vajadzēja apmācīt trīs gadus. Viņam nozīmēja ēst no ķēniņa galda labumiem. Bet viņš baidījās apgānīties ar barību, ko Dievs bija aizliedzis. Likās, ka viņam kā gūsteknim, nebija izvēles, un tomēr viņš neieredzēja un noraidīja to, ko ienīst Dievs.

Lai pilnībā saglabātu savu ticību Dievam un neapgānītu sevi, viņš palūdza uzraugam atļaut viņam un viņa trīs draugiem ķēniņa labumu vietā ēst tikai augu barību. Viņš ierosināja mēģināt desmit dienu laikā dot viņiem ēst tikai augļus un ūdeni dzeršanai. Pēc desmit dienām, kad uzraugi salīdzināja viņus ar citiem jaunekļiem, viņi ievēroja, ka Daniels un trīs viņa draugi izskatās labāk par citiem jaunekļiem, kuri ēda no ķēniņa galda.

Dievs redzot viņu ticību, deva viņiem apbrīnojamas svētības. Pravieša Daniēla grāmatā 1:17, teikts: „Dievs piešķīra šiem četriem jaunekļiem izskatu un saprašanu visādās gudrībās un zinībās, bet Danielu apveltīja ar spēju saprast visādas parādības un sapņus." Bet vēl 20. pantā rakstīts: „Un visos gadījumos, kad ķēniņš griezās pie tiem, izrādījās, ka tie savās zināšanās, apķērībā un asprātībā bija desmitreiz pārāki par visiem gudrajiem un zīlniekiem visā viņa valstī."

Bābele bija midiāniešu un persiešu iznīcināta 539. gadā pirms m.ē. Baltsacara valdīšanas laikā, kurš bija Nebukadnēcara dēls. Bābeles vietā nāca jauna valsts – Persijas impērija. Persijas ķēniņš Dārijs gribēja iecelt Danielu par visas valsts pārvaldnieku, jo Daniels bija ar neparastu gudrību. Mainoties valstīm un ķēniņiem nāca citi, bet Daniels, kurš bija gūsteknis, turpināja dzīvot viņu labvēlībā.

Citi vadītāji un priekšnieki apskauda viņu un centās atrast iemeslu, kā par kaut ko viņu apvainot (Daniela 6:4-5). Nespējot atrast pie viņa nekādu vainu, viņi ierosināja ķēniņu pieņemt rīkojumu. Izliekoties, ka dara to, lai atbalstītu ķēniņu, viņi ierosināja iemest lauvu bedrē katru, kas trīsdesmit dienu laikā par kaut ko lūgs, vai prasīs kādam citam dievam vai cilvēkam, bet ne pašam ķēniņam. Viņi speciāli sagatavoja slazdu Danielam, zinot, ka viņš lūdzas trīs reizes dienā, atverot logus uz Jeruzalemes pusi.

Zinot par rīkojumu, Daniels vienalga lūdzās, lokot ceļus trīs reizes dienā (Daniela 6:10). Lai saglabātu savu godu un varu un arī vienkārši izbēgtu no nāves, viņš varēja iet uz kompromisu, bet nolēma pilnībā paļauties uz Dievu. Beigu beigās Daniels par ķēniņa pavēles nepaklausību bija iemests lauvu bedrē, bet viņā nebija nekāda aizvainojuma uz ķēniņu. Tieši otrādi, viņš svētīja ķēniņu sakot: „Ķēniņš, lai mūžīgi dzīvo!" Neskatoties uz sarežģīto situāciju viņš rīkojās taisnīgi.

Viņā nebija nekādas vainas ne pret Dievu, ne pret ļaudīm,

tādēļ ienaidnieks, velns un sātans, nevarēja viņam kaitēt ar savām intrigām. Dievs sūtīja Savu eņģeli pasargāt viņu. Viņš bija pacelts no lauvu bedres dzīvs un deva godu Dievam. Dievs vēlas, lai mēs būtu tik taisni, ka varētu saglabāt ticību pat nāves priekšā un neiet uz kompromisiem; lai mēs turētos pie labprātības un patiesības neatkarīgi no tā, kā citi rīkojas attiecībā pret mums.

4. Pienest uzticības augļus ar saviem darbiem.

Trešais Gaismas auglis – uzticība. Būt uzticīgam – nozīmē būt pastāvīgam. Tas tāpat nozīmē būt tīram, godīgam un nevainojamam, bez viltības, divkosības vai liekulības. Pat, ja jūs centīgi stiprināt savu ticību ar labiem darbiem, Dievs neuzskatīs to par patiesu Gaismas augli, ja jūs darāt to, izrādot savu pārākumu pār citiem. Citiem vārdiem, Dievs gaida no mums patiesu ticības izpausmi, patiesus darbus un pastāvību, kas nāk no sirds.

1. Mozus 22. nodaļā var izlasīt par to, kā Ābrahāms paklausīja Dieva Vārdam, kad Dievs teica viņam pienest kā dedzināmo upuri savu vienīgo dēlu Īzaku. Agri no rīta viņš ar Īzaku sagatavojās ceļam un gāja tur, kur viņam Dievs pavēlēja. Viņu tas nemulsināja. Viņa dvēselē nebija konflikta, jo viņš nepieņēma savas paša domas. Tajā momentā, kad viņš bija gatavs pienest ziedojumam Īzaku, Dieva eņģelis nostājās viņa priekšā un lika viņam nepacelt roku uz atvasi. Dievs teica: „... tagad Es zinu, ka tu bīsties Dievu," (1. Mozus 22:12).

Vēstulē Ebrejiem 11:19, teikts: „Ābrahāms sprieda, ka Dievs spēj uzcelt arī no mirušajiem un tā, līdzībā runājot saņēma Īzaku atpakaļ no nāves." Ābrahāms dzemdināja savu dēlu Īzaku pateicoties Dieva spēkam, kaut Sāra bija jau tādā vecumā, kad ieņemt un dzemdēt bērnu jau bija neiespējami. Tādēļ viņš ticēja, ka Dievs uzcels Īzaku pēc tam, kad viņš pienesīs to kā dedzināmo upuri. Šī epizode parāda mums, cik stipra bija uzticība starp Dievu un Ābrahāmu.

Ābrahāma uzticība tiek apstiprināta daudzos gadījumos. Kad viņš nonāca Bētelē ar savu brāļadēlu Latu, viņu lopu skaits bija izaudzis līdz tādam skaitam, ka starp ganiem sāka izcelties strīdi. Tad Ābrahāms piekāpās savam brāļadēlam sacīdams: „Vai visa zeme nav tavā priekšā. Atdalies no manis: ja tu iesi pa kreisi, es iešu pa labi, bet ja tu iesi pa labi, tad es iešu pa kreisi" (1. Mozus 13:9).

Sekojot savam izdevīgumam Lats virzījās uz Jordānas pusi, kuras apkārtnē bija pietiekoši ūdens un aizgāja līdz Sodomai. Bet Sodomas pilsēta bija iekarota un daudzus saņēma gūstā. Kad Ābrahāms par to izdzirdēja, viņš apbruņoja savus kalpus un atbrīvoja Latu un Sodomas iedzīvotājus. Par to Sodomas ķēniņš piedāvāja viņam mantu, bet viņš no tā visa atteicās (1. Mozus 14:15-23).

Kad Sodoma un Gomora bija iznīcinātas ar uguni no debesīm, Lats un divas viņa meitas bija izglābtas pateicoties Ābrahāma lūgšanām (1. Mozus 18). Un vēl piemērs: Ābrahāms gribēja nopirkt vietu, lai apglabātu savu sievu Sāru, bet Heta dēli piedāvāja vienkārši apbedīt mirušo uz viņu zemes, bet Ābrahāms godīgi samaksāja par Mahpelas alu un tai pieguļošo zemi (1. Mozus 23:16). Viņam bija daudz bērnu no otrās sievas, un dzīves laikā viņš atdeva katram viņa daļu, lai pēc tam viņi nekonfliktētu. Viss tas parāda mums, cik uzticīgs bija Ābrahāms.

Jēkaba vēstulē 2:23-24, teikts: „Un ir piepildīti raksti, kas saka: Ābrahāms ticēja Dievam, un tas viņam tika pielīdzināts par taisnību, un viņš tika nosaukts Dieva draugs. Redziet, ka no darbiem cilvēks top taisnots un ne no ticības vien." Dievs ir pati Uzticība un Viņš svētīja Ābrahāmu par viņa ticības darbiem. Ābrahāms, būdams Dieva draugs, atrodas Dieva Troņa tuvumā, pašā spožākajā gaismas telpā.

5. Gaimas auglis ved mūs uz gaismas telpu.

Lai labos darbus varētu uzskatīt par Gaismas augli, tiem jābūt piepildītiem ar taisnību, un tieši Dieva taisnību. Bet labprātības un taisnības klātesamība – tas vēl nav viss. Cilvēkos jābūt uzticībai. Tādēļ Gaismas augli mēs varam pienest tikai tad, kad mums ir viss: gan labprātība, gan taisnība, gan uzticība.

Un tā, lai mēs pienestu pilnvērtīgu Gara augli, mums jāiet caur noteiktu procesu: jāiziet no tumsas un caur masku noraušanu jāiet Gaismā. Vēstulē Efesiešiem 5:11-13, teikts: „Nepiedalaties neauglīgajos tumsības darbos, bet labāk celiet tos gaismā. Protams, ko viņi slepenībā dara, par to pat kauns runāt. Bet visu, kas tiek gaismā celts, apspīd gaisma, un viss, ko apspīd gaisma, ir gaisma."

Šajā gadījumā atmaskot – nozīmē ne tikai parādīt uz kļūdām. Atmaskot – nozīmē sekmēt to, lai cilvēks pārietu no tumsas gaismā. Reizēm, kad draudzes locekļi savu grēku dēļ nokļūst grūtā situācijā, tā vietā, lai tos mierinātu, es atklāju viņiem, kādēļ viņi nokļuvuši tādās kārdināšanās un pārbaudījumos. Es atmaskoju viņus tajā , ka viņi nedzīvo patiesībā. Bet pat, ja neviens mūs neatmasko, kad mēs darām kaut ko nosodāmu, ļoti svarīgi atmaskot sevi pašam, saskaņā ar Dieva Vārdu.

Dievs atklāj un parāda mums visus mūsu grēkus un tumsu, tādēļ ka Viņš mūs mīl. Mīlestības Dievs grib, lai Viņa bērni mājotu Dieva gaismas pilnībā, lai viņi saņemtu svētības uz šīs zemes un nākotnē mājotu gaismas telpā, mūžīgajā Debesu Valstībā. Bet priekš tā mums jāatsakās no visa, kam ir sakars ar tumsu, un jākultivē svētums un pilnība, lai iegūtu Dieva līdzību, Kas ir Gaisma (Mateja, 5:48; 1. Pētera vēst. 1:16).

No satikšanās laika ar Kungu ceļā uz Damasku, apustulis Pāvils pakļāvās Kristum un aiznesa Labo Vēsti līdz neskaitāmam daudzumam pagānu. Viņš teica: „Es mirstu ikdienas, tik tiešām, kā jūs, brāļi, esat mans gods Kristū Jēzū, mūsu Kungā," (1. Vēst. Korintiešiem 15:31).

Ja pilnībā noraidām miesīgas domas, kuras ir Dievam naidīgas, mēs katru dienu mirsim Kungā un būsim tikai ar garīgām domām, kā piemēram, tādām: „Kā man atrast Debesu Valstību, Viņa taisnību un patiesību? Kā man savu sirdi pilnībā svētdarīt? Kā man aizvest vairāk dvēseļu uz Debesīm?" – tad mēs varēsim baudīt patiesu mieru un pienest bagātīgus Gaismas augļus.

Gaismas auglis – tas ir ne tikai labprātība, taisnība un uzticība, bet arī visi citi augļi, kurus mēs pienesam no sadraudzības ar Dievu un esot ar Jēzus Kristus sirdi. Tā – ir garīgā mīlestība, augļi, kas uzskaitīti svētības Likumos, un tāpat Svētā Gara augļi. Mums sevī jāuzaudzina visi šie augļi pilnībā, lai ieietu Jaunajā Jeruzalemē. Mēs neatbildīsim kritērijiem, kas ir obligāti, lai ieietu Jaunajā Jeruzalemē, ja daži no tiem pilnībā būs nobrieduši, bet citi vēl nē. Es ceru, ka visi jūs centīgi pielietosies darbībā Dieva Vārdu un iegūsiet īpašības, kas nepieciešamas tam, lai ieietu pašā spožākajā gaismas telpas daļā.

Gars, dvēsele un miesa (II)

Gars, dvēsele un miesa garīgajā telpā

Mājokļu piešķiršanas kritēriji Debesīs.

Gods, kas dots Debesu telpā.

„Redzi, es jums saku noslēpumu: Ne visi mēs mirsim, bet visi tiksim pārvērsti. Piepeši, acumirklī, pēdējai bazūnei atskanot. Jo atskanēs bazūne, un mirušie tiks uzmodināti neiznīcībā, un mēs tapsim pārvērsti. Jo tam, kas šeit iznīcīgs, jātērpjas neiznīcībā, un tam, kas šeit iznīcīgs, jātērpjas nemirstībā" (1. Vēstule Korintiešiem 15:51-53).

Dažādie mājokļi

Dažādie Debesu mājokļi, kurus mēs saņemsim, būs atšķirīgi no tā, cik katrs cilvēks ir kļuvis līdzīgs Dievam un dzīvojis pēc Viņa prāta. Debesu Valstībā ir dažādas mājvietas. Jo labāks Debesu mājoklis, jo lielāku godu un laimi mēs varēsim tur baudīt.

1. Debesīs ir liels daudzums mājokļu.

2. Debesu Valstība jāņem ar spēku.

3. Kādēļ Debesis bija sadalītas dažādās mājvietās.

4. Paradīze – mājvieta tiem, kas tik tikko izglābti.

5. Jaunā Jeruzaleme – mājvieta ļaudīm ar gara pilnību.

Ļaudis ir ar noslieci ticēt tikai tam par ko var pārliecināties ieraugot to pašu acīm. Bet ir daudz lietu, kas nav redzamas mūsu acij. Piemēram, vējš un ziedu aromāts. Lai arī mēs tos neredzam, tie reāli eksistē. Ir tāpat arī garīgā pasaule, kura atrodas augstākā dimensiju līmenī, nekā šī redzamā fiziskā pasaule. Būtu kļūda noliegt garīgās pasaules eksistenci tikai pamatojoties uz to, ka tā nav redzama.

Debesu Valstība izvietota trešajās debesīs bezgalīgajā garīgajā telpā. Trešās debesis – tā ir neaptverama plašuma gaismas telpa, bet tajā ir dažādas mājvietas – no Paradīzes līdz Jaunajai Jeruzalemei. Dažādie Debesu mājokļi paredzēti tiem, kas izglābti, un tie tiks noteikti pēc tā, cik katrs cilvēks būs svētdarīts, un par cik viņš dzīvojis ticībā saskaņā ar Dieva gribu. Debesīs mēs iegūsim atšķirīgu godu, atbilstoši tam, cik šajā dzīvē esam kļuvuši par Dievam tīkamiem ļaudīm.

Lūk, kādēļ 1. vēstulē Korintiešiem 15:40 – 41, mēs lasām: „Tā arī ir debesu ķermeņi un zemes ķermeņi, bet citāds krāšņums ir debesu ķermeņiem un citāds zemes ķermeņiem. Citāds spožums ir saulei un citāds mēnesim un citāds zvaigznēm, jo viena zvaigzne ir spožāka par otru."

Individuālais gods Debesīs.

Viena no Dieva iesākuma būtībām ir svētums. Bībele bieži runā par svētumu, tādēļ ka Dievs grib, lai ļaudis, kas radīti pēc Viņa līdzības, iegūtu Dieva svētumu. 3. Mozus 20:26, teikts: „Un esiet Man svēti, jo Es Tas Kungs, esmu svēts un Es esmu jūs izraudzījis no tautām, lai jūs Man piederat." Un 1. Pētera vēstulē 1:16, teikts: „Jo ir rakstīts: esiet svēti, jo Es esmu svēts."

Tādā veidā, tie, kas dzīvo pēc svētā Dieva gribas pieder Debesīm. Viņi baudīs debesu godu Debesu Valstībā. Bet no citas puses, tie, kas dzīvo grēkos un ļaunumā, kas ir ienaidā Dieva gribai, pieder šai zemei un attiecīgi dosies uz elli.

Ļaudis, kas pieder zemei, nav tikai tie, kas nepieņem Jēzu Kristu un netic Dievam. Mateja Evaņģēlijā 7:21, rakstīts: „Ne ikkatrs, kas uz mani saka: Kungs! Kungs! ieies Debesu Valstībā, bet tas, kas dara mana debesu Tēva prātu." Pat, ja viņi arī saka: „Kungs! Kungs!" – un apliecina, ka tic Viņam, viņi vienalga pieder šai zemei, ja nepilda Dieva gribu.

Ko gan nepieciešams darīt, lai ieietu Debesu Valstībā un baudītu saules godu, kā cilvēks, kurš pieder Debesīm? No vēstules Ebrejiem 12:4, mēs uzzinām, ka mūsu zemes dzīves laikā mums jācīnās pret grēku līdz asinīm. Bez tam 1. vēstulē Tesaloniķiešiem 5:22, teikts, ka mums jāatturas no visa veida ļaunuma un jāpiepildās ar Garu. Tāpat kā atšķiras cita no citas saules gaisma, mēness gaisma un zvaigžņu gaisma, tāpat arī cilvēkiem, kas pieder Debesīm būs dažāds gods.

Pravieša Jesajas Grāmatā 60:1, teikts: „Celies, topi apgaismota, (Jeruzaleme)! Jo tava gaisma nāk, un Tā Kunga godība uzlec pār tevi."

Pēc tam, kad mēs esam pieņēmuši Jēzu Kristu, Kurš atnāca kā pasaules Gaisma, mēs sākam izstarot garīgo gaismu tādā mērā, kā izturamies pēc Dieva Vārda. Kā Debesu pilsoņiem, mums jāizstaro tāda pat spožuma gaisma, kā saulei pusdienlaikā, lai izklīdinātu tumsas spēkus, pievestu dvēseles uz glābšanas ceļa un dotu godu Dievam.

1. Debesīs ir liels daudzums mājokļu.

Tieši pirms Savas nāves Jēzus un Viņa mācekļi sapulcējās uz lieldienu vakariņām. Pēdējā vakarā Viņš atgādināja viņiem par Debesu Valstības eksistenci, lai viņi iegūtu cerību.

Jāņa Evaņģēlijā 14:2-3, Jēzus teica: „Mana Tēva namā ir daudz mājokļu. Ja tas tā nebūtu, vai es jums tad būtu teicis: Es noeju jums vietu sataisīt? Un, kad es būšu nogājis un jums vietu sataisījis, tad es nākšu atkal un ņemšu jūs pie sevis, lai tur, kur es esmu, būtu arī jūs."

Jēzus augšāmcēlās trešajā dienā pēc krustā sišanas un pacēlās Debesīs daudzu ļaužu acu priekšā. Viņš aizgāja, lai sagatavotu mājokļus Debesīs, kuros Dieva bērni dzīvos mūžīgi. Kad Viņš teica: „Mana Tēva namā ir daudz mājokļu," Viņš ar to pašu izteica vēlmi, lai visi ļaudis izglābtos (1. vēst. Timotejam 2:4).

Debesis – tā ir garīga telpa, ko radījis Dievs Trīsvienība vēl pirms Zemes radīšanas. Tie ir bezgalīgi plašumi, kuru dziļumu, platumu, blīvumu un apjomu neiespējami cilvēka prātam aptvert. Tur atrodas Dieva Tronis, neskaitāms daudzums garīgo būtņu un mājas, kurās Dieva bērni dzīvos mūžīgi. Bet Debesu Valstības centrā – Jaunā Jeruzaleme, pati brīnišķīgākā Debesu mājvieta.

Garīgā gaisma, kura nāk no Dieva Troņa, un dzīvības upe dod Dieva bērniem vēl lielāku laimes un pagodinājuma izjūtu. Dievs dos katram no mums cienīgu mājokli un apbalvos mūs pēc mūsu ticības un tā, kā mēs esam pagodinājuši Dievu uz šīs zemes.

Jaunās Jeruzalemes pilsēta izvietota trešo debesu augšējā daļā, bet zemāk par Jauno Jeruzalemi – Trešās, Otrās un Pirmā Debesu valstības un Paradīze. Tomēr tas nenozīmē, ka tās izvietotas viena virs otras, līdzīgi ēku stāviem, kurus būvē uz šīs zemes. Visi mājokļi Debesīs novietoti horizontāli, bet pa vertikāli – tās ir dažāda augstuma.

2. Debesu Valstība jāņem ar spēku.

Mateja Evaņģēlijā 11:12, teikts: „Bet no Jāņa Kristītāja laika līdz mūsu dienām debesu valstībā laužas iekšā; un tīkotāji ar varu cenšas to sagrābt." Debesis – tā ir skaista un mierīga vieta, kādēļ tad šeit uzrakstīts, ka tās ņem ar spēku un, ka tās saņemt var tikai cilvēks, kurš pieliek pūles?

Tas nozīmē, ka tas, kas vairāk cerēs uz Debesu Valstību, savā ticības dzīvē parādīs lielāku centību un pacentīsies ieiet Jaunajā Jeruzalemes pilsētā. Ar izteikumu „Debesu Valstību ņem ar spēku" domāts, dzīvot pieliekot pūles.

Tātad, pret ko tad mums jālieto spēks? Spēku jāpielieto pret ienaidnieku velnu un sātanu, kurš grūž ļaudis darīt grēkus. Priekš tā, lai nokļūtu Debesīs, mums jācīnās ar tumsu un to jāuzvar. Vedinot ļaudis uz krišanu, sātans stimulē viņu grēcīgo dabu, piespiežot darīt grēku. Bet tie, kas patiesi meklē Debesu Valstību, uzvarēs ienaidnieku ar Dieva Vārdu.

Mūsu pūļu sekmes ieņemt Jauno Jeruzalemi ar spēku būs noteiktas ar to, cik lielā mērā mēs esam kļuvuši Dieva bērni, svētdarīti ar Dieva Vārdu un lūgšanu (1. vēst. Timotejam 4:5). No otrās vēstules Korintiešiem 12:1 un tālāk mēs uzzinām, ka apustulis Pāvils bijis Paradīzē, kas izvietota trešajās debesīs un uzzinājis lielus Debesu Valstības noslēpumus. No tā laika viņš līdz pēdējam, kamēr nekļuva par mocekli, veica daudz labu uzvaru. Viņš ar spēku paņēma Jauno Jeruzalemi, lūkojoties uz taisnības vainagu, kuru Dievs priekš viņa sagatavojis.

Atklāsmes 19:7-8, mēs lasām: „Priecāsimies, gavilēsim un dosim viņam godu, jo atnākušas Jēra kāzas, un viņa līgava sataisījusies. Tai ir dots tērpties spožā, tīrā audeklā; proti audekls ir svēto taisnības darbi," un arī Atklāsmes 22:14, rakstīts: „Svētīgi, kas mazgā savas drēbes, lai tiem būtu daļa pie dzīvības koka un varētu pa vārtiem ieiet pilsētā."

Pirmajā fragmentā vārdi „tērpties spožā, tīrā audeklā" norāda uz ļaužu sirdīm un darbiem. Un mēs varēsim ieiet pa svētās pilsētas vārtiem, tikai, ja attīrīsim savas sirdis un darbus. Tā kā vārdi „vārtiem" lietoti daudzskaitlī, tad mēs saprotam, ka tur ir daudz vārtu. Priekš tā, lai mēs ieietu Jaunajā Jeruzalemē, vispirms mums jāiziet caur glābšanas vārtiem un jāatbilst kritērijiem, lai ieietu Paradīzē. Pēc tam mums jāiziet caur Pirmo, Otro un Trešo Debesu valstību vārtiem. Un beigās, mums jāiziet caur Jaunās Jeruzalemes pilsētas pērļu vārtiem.

Lūk, kādēļ šajā fragmentā teikts „vārtiem" no kā mēs uzzinam, ka ne visi izglābtie saņems vienādu godu Debesīs. Mums jābūt īpaši pateicīgiem par zināšanām par Debesu Valstību un jācenšas ieņemt ar spēku labākos debesu mājokļus.

3. Kāpēc Debesis bija sadalītas dažādos mājokļos?

Garīgā gaisma tiem, kas pieņēmuši Jēzu Kristu, bet nav veikuši savas sirds apgraizīšanu, tas ir nav novērsušies no ļaunuma, ir ļoti blāva. Spēcīgu garīgo gaismu izstaro ļaudis, kuri atbrīvojušies no visām grēku formām un sasnieguši svēttapšanu. Jo apņēmīgāk ticīgie dzīvo pēc Dieva Vārda un atbrīvojas no grēkiem, jo spožāka un skaistāka viņu izstarotā gaisma. Ļaudis, kas pilnībā kļuvuši svēti, ir ar tādu spožu gaismu, ka nesvētie uz viņiem tieši skatīties nespēj.

Ja padomāsim, tad veselais saprāts pateiks priekšā, ka ļaudīm ar spēcīgu garīgo gaismu būs grūti dzīvot kopā ar cilvēkiem, kuru garīgā gaisma ir blāva. Pat uz šīs zemes bērniem patīkamāk draudzēties ar bērniem, pusaudžiem ar pusaudžiem, pieaugušajiem ar sava vecuma cilvēkiem. Bērni un pieaugušie nevar pa īstam kļūt draugi, tādēļ ka pasaule, kurā viņi dzīvo, viņu prāta attīstība un spējas saprast notiekošo atšķiras.

Tā arī ļaudis, kas izstaro vienādu garīgu gaismu, dzīvos kopā. Kas būtu, ja mūžīgajā Debesu Valstībā visi dzīvotu vienā un tajā pašā telpā? Svētdarītie sapratīs cits cita sirdi un neradīs viens otram neērtības. Bet, kas nav svētdarīts, nevarēs viņus saprast. Dievs sadalījis mājvietas, lai ļaudīm ar vienādu garīgās Gaismas spožumu būtu komfortabli dzīvot kopā.

Atklāsmes 21:23, teikts: „Pilsētai saules un mēness gaismas nevajag, jo Dieva spožums to apgaismo, un viņas gaisma ir jērs." Starp dažādām mājvietām Debesīs Jaunās Jeruzalemes pilsēta ir vieta tiem, kas sasnieguši apogeju cilvēces audzēšanas laikā, ko ieplānojis Dievs. Tā ir tā vieta, kur Dievs varēs mūžīgi dalīties mīlestībā ar Saviem bērniem. Dievs sagatavojis Trešo, Otro un Pirmo Debesu Valstības, un arī Paradīzi priekš tiem, kas ne līdz galam pilnveidojuši savas sirdis patiesībā un nav ieguvuši īpašības, kas nepieciešamas, lai ieietu Jaunajā Jeruzalemē.

Un tagad dziļāk izskatīsim katras mājvietas raksturojumu – no Paradīzes un līdz Jaunajai Jeruzalemei. Mēs tagad apskatīsim, kāda tipa ļaudis ieies katrā no šīm vietām.

4. Paradīze – vieta tiem, kas tik tikko izglābti.

Dievs sūtīja Jēzu uz šo zemi mūsu, grēcinieku dēļ, kas gāja pa ceļu, kurš ved nāvē. Jēzus atpirka mūs no visiem mūsu grēkiem caur Savu krusta nāvi. Ja mēs ticam uz to, ka Jēzus – vienīgais ceļš uz glābšanu un pieņemam Viņu kā savu Glābēju, tad Dievs dāvā mums Svēto Garu. Kad mēs saņemam dāvanā Svēto Garu, atdzimst mūsu gars, kas bija nomiris Ādama grēkā krišanas dēļ, un mēs saņemam tiesības saukt Dievu par Tēvu. Tas nozīmē, ka mēs esam kļuvuši Dieva bērni, mūsu vārdi ierakstīti Dzīvības Grāmatā, un mēs kļūstam par Debesu Valstības pilsoņiem.

Bet, ja mēs nesāksim praksē pielietot Dieva Vārdu un neatbrīvosimies no grēkiem, mūsu mirušais gars, kas atdzimis, nepieaugs. Mūsu gars pieaug pēc tā mēra, kā mēs attālināmies no grēkiem. Mēs varam ieiet Jaunajā Jeruzalemē tikai pilnībā atjaunojuši zaudēto Dieva līdzību un pilnībā izkopuši savu garu.

Ja mūsu gars neaug, ja mūsu ticība ir sinepju sēklas lielumā, un mēs knapi saņemam glābšanu, mēs mājosim Paradīzē. Atbilstoši ticības līmeņiem tāda ticība līdzinās pirmajam līmenim. Pirmais līmenis ticībā – tas ir līmenis pie kura mēs tik tikko saņemam glābšanu.

Paradīze – tā ir vieta, kuru Dievs radījis aiz mīlestības un žēlastības. Dievs sagatavojis to priekš ļaudīm, kuri glābti, bet nav cienīgi saukties par Dieva bērniem. Viņus kaut kā neērti saukt par Dieva bērniem, bet tajā pašā laikā nosūtīt tos uz elli Dievs arī nevar. Bet īstenībā Paradīzē būs daudz vairāk ticīgo, nekā citās Debesu mājvietās. Šī vieta ir pat plašāka par pirmo debesu telpu. Ļaudis, kas dzīvos Paradīzē, dzīvos mūžībā ar pateicības un laimes jūtām par to, ka viņi nav devušies uz elli, bet bija izglābti.

Lai arī tā ir pati zemākā Debesu mājvieta, tomēr uz zemes nav tādas vietas, kuru varētu salīdzināt ar tās skaistumu un lieliskumu. Tā – pilnīga milzīga līdzenuma harmonija, pilna brīnišķīgiem ziediem un zaļiem kokiem, un tāpat tajā klejojošiem visdažādākajiem dzīvniekiem, kur katram ir pievilcīgs izskats.

Uz šīs zemes koki un puķes ar laiku novīst un iet bojā. Bet Paradīzē koki vienmēr zaļi un puķes nekad nevīst. Kad ļaudis pie tām pieiet, puķes it kā sveicina tos, sākot šūpoties uz dažādām pusēm, vai atverot un aizverot ziedpumpurus, izdodot neatkārtojamu, brīnumjauku aromātu. Tur ļoti daudz visiespējamāko augļu. Tie ir nedaudz lielāki par tiem, kas uz šīs zemes un izstaro mirdzumu. Ļaudis var ēst tos tieši no koka, tādēļ ka tur nav ne putekļu, ne kaitēkļu.

Var ēst augļus, sēžot zālienā un draudzīgi sarunājoties. Šie ļaudis dzīves laikā neko nav darījuši priekš Dieva Valstības, tādēļ viņi nav saņēmuši nekādas balvas Debesīs. Bet viņi ir ļoti laimīgi, tādēļ ka Paradīzē nav nekādu bēdu, slimību, sāpju vai nāves. Izņēmuma gadījumā un pie īpašiem apstākļiem kādi no viņiem var būt uzaicināti uz pasākumiem, kas tiek novadīti Jaunajā Jeruzalemē.

Tomēr starp Jaunās Jeruzalemes un Paradīzes mājokļiem eksistē tik liela atšķirība gaismas līmenī, ka tie, kas dzīvo Paradīzē, kautrējas iet tur un parasti nepieņem ielūgumu. Bet, ja viņi tomēr iet, viņiem jāievēro noteikta kārtība un ierobežojums laikā. Viņi būs laimīgi par iespēju apmeklēt ievērojamo Jaunās Jeruzalemes pilsētu un priecīgi pēc atgriešanās Paradīzē, dalīties ar to, ko izdevies redzēt un sajust Jaunajā Jeruzalemē.

Mums nevajag nenovērtēt skaistumu un laimi, kas valda Paradīzē, tikai pamatojoties uz to, ka Paradīze tā ir pati zemākā mājvieta Debesīs. Lai arī Paradīze – vieta tiem, kas tik tikko saņēmuši glābšanu, tā tomēr savā skaistumā nevar līdzināties ne ar vienu vietu uz šīs zemes, un tā ir pat skaistāka kā Ēdenes dārzs, kur dzīvoja Ādams.

Pirmā Debesu Valstība.

Pirmā Debesu Valstība – vēl skaistāka un laimīgāka vieta, nekā Paradīze. Apkārtējā vide tur daudz brīnišķīgāka, kā Paradīzē. Šeit mājo tie, kas pieņēma Jēzu Kristu un atdzīvinot savu mirušo garu, centās īstenot darbos Dieva Vārdu, bet ne līdz galam to spēja. Tas ir tā ir priekš tiem, kas pieaugot ticībā, sasnieguši otro līmeni.

Pirmajā Debesu Valstībā ļaudis saņems balvas un mājokli, atkarībā no tā, ko viņi bija padarījuši uz šīs zemes. Mājokļi Pirmajā Debesu Valstībā līdzīgi dzīvokļiem uz šīs zemes. Bet tie uzbūvēti no zelta un citiem dārgakmeņiem un atkarīgi no saimnieka gaumes. Ēkās ir lifti, kas kustas ar Dieva spēku. Tie nogādā jūs uz to stāvu, kur jums vajag, un pie tam nav nepieciešamības spiest pogas.

Tiem, kas ieies Pirmajā Debesu Valstībā tiks doti nevīstoši

vainagi (1. vēst Korintiešiem 9:25). Tā ir kā balva par piedalīšanos. Viņi zināja Dieva Vārdu, bet to nelietoja uz šīs zemes. Atceroties, ka jāatbrīvojas no grēkiem, viņi tā arī neattīrījās no daudziem saviem grēkiem. Bet Dievs ņēma vērā viņu pūles pildīt Viņa Vārdu un devis viņiem atbilstošas balvas.

Pirmajā Debesu Valstībā ir daudzums brīnišķīgu dārzu. Tur ir tāpat atpūtas zonas, tajā skaitā lieli parki, pilni koku zaļuma, ar atrakcijām, ezeriem, pastaigu celiņiem, baseiniem, golfa pļavām, tenisa kortiem u.t.t. Bet izņemot individuālo mājokli un vainagu, viss pārējais kopīgā lietošanā. Tas līdzīgi tam, kā pie dzīvojamiem kompleksiem ir parki un sporta iekārtas, kas pieejamas visiem.

Šeit nav eņģeļu, kuri mums kalpotu jums personīgi. Taču ļaudis tur var vērsties pēc palīdzības pie eņģeļiem jebkurā vietā. Tas ir tas, ar ko atšķiras Pirmā Debesu Valstība no Paradīzes. Piemēram, laikā, kad viņi sarunājas sēžot uz soliņa, viņi var paprasīt eņģeli, ja tiem sagribas, iedot viņiem kādu augli. Paradīzē toties viņiem pašiem nākas noraut augļus. Tādā veidā, ir liela atšķirība tajā, kā dzīvo ļaudis Paradīzē un, kā Pirmajā Debesu Valstībā. Pirmo Debesu iemītnieki neapskauž tos, kas dzīvo augstāko līmeņu mājokļos. Visi izjūt bezgalīgu laimi un ir apmierināti katrā no mājokļu vietām.

Otrā Debesu Valstība.

Otrā Debesu Valstība vēl spožāka un brīnišķīgāka, nekā Pirmā Debesu Valstība. Ēkas, kas būvētas no dārgakmeņiem lielākas un greznākas. Bet dzīvnieki un augi vēl daudzveidīgāki, nekā

Paradīzē un Pirmajā Debesu Valstībā. un pat tie paši dzīvnieki vai augi šeit daudz skaistāki, nekā Pirmajā Debesu Valstībā. Kas attiecas uz dzīvniekiem, tad tie izskatās daudz graciozāki. To skaistums atšķiras ar īpašu diženumu, bet spalva un vilnas krāsa daudz spilgtākas. Tas pats attiecas arī uz puķu aromātu un krāsām.

Otrajā Debesu Valstībā atrodas tie, kas praktiski pielietojuši Dieva Vārdu, bet nav sasnieguši pilnību svēttapšanā, tas ir tie, kas sasnieguši trešo ticības līmeni. Viņi atbrīvojušies no grēkiem, kas darīti darbos, bet nav pilnībā attīrījušies no grēkiem, kas darīti domās un sirdī.

Viņiem būs iedalītas vienstāvu atsevišķas mājas, uz kuru durvīm būs plāksnīte ar vārdu. Šīs mājas ir brīnišķas un lieliskākas par jebkuru pili uz šīs zemes. Parasti, izņemot māju, viņi saņem balvā slavas vainagu. Viņi kaut kādā pakāpē pagodinājuši Dievu uz šīs zemes un tādēļ Dievs dod viņiem slavas vainagu (1. Pētera vēst. 5:4).

Izņemot vainagu un māju, Otrās Debesu Valstības iedzīvotājiem piederēs vēl kaut kas personīgs, ko viņi visvairāk vēlētos. Ja viņiem gribētos peldbaseinu, tad viņiem būs brīnišķīgs baseins, būvēts no skaistiem dārgakmeņiem. Ja viņi sapņojuši par ezeru, tad viņiem būs ezers. Viņiem var būt sava svinību zāle, ja viņiem to gribas. Ja viņi mīl pastaigāties, tad viņiem būs pastaigu celiņi, kuru malās iestādīts daudz augu un puķu un klejo skaisti dzīvnieki.

Tā kā katram ir kas savs, kam dotu priekšroku, tad mājās radīti dažādi papildus apstākļi, un to iemītnieki var iet mājās cits pie cita un kopā izmantot šīs ērtības. Debesīs visi kalpo cits citam, un neviens neatteiksies pieņemt to, kas atnācis pie viņa mājās. Vēl vairāk viņi priecāsies un dalīsies ar visu, kas viņiem ir. Un viesi to neizmanto ļaunprātīgi, un viņu vizītes notiek patīkamas laipnības rāmjos.

Otrās Debesu Valstības iemītnieki neizjūt žēlumu vai skaudību pret apkārtējiem par to, ka viņu rīcībā tikai viena papildus ērtība. Tieši otrādi, viņi ir pateicīgi Dievam, kas devis tiem tādu lielu balvu, kura ir daudz lielāka par visu to, ko viņi veikuši uz šīs zemes. Viņiem būs ļoti kauns par to, ka viņi nav pilnībā attīrījušies no ļaunuma un nevar pacelt galvu Dieva priekšā.

Trešā Debesu Valstība.

Otrās Debesu Valstības gods atšķiras no Trešās Debesu Valstības goda kā zeme no debesīm. Šo atšķirību nosaka tas, vai cilvēks pabeidzis svēttapšanas procesu vai nav. Trešās Debesu valstības iedzīvotāji – tie ir ceturtās ticības līmeņa ļaudis. Viņi sasnieguši svētumu, tādēļ viņu rīcībā visdažādākās ērtības, kādas tikai viņi vēlētos kā apbalvojumus. Viņiem var piederēt laukumi golfa spēlēm, peldbaseini, vai svinību zāles – viss, ko varētu vēlēties, tādēļ viņiem nevajadzēs lietot to, kas pieder kādam citam.

Mājas šeit daudzstāvu, un tās tik lielas un fantastiskas, ka pat miljardieri uz šīs zemes nevarētu pat sapņot par tādām mājām. Tām apkārt milzīgi dārzi, piepildīti smaržīgām puķēm un skaisti dekorētiem kokiem. Ezeros, kuri mirgo apžilbinošā gaismā, peld visu veidu un krāsu zivis. Protams, šīs mājas pēc izmēra, skaistuma un diženuma atpaliek no tām, kas ir Jaunajā Jeruzalemē. Runājot par attiecībām, ja mēs pieņemam, ka pats mazākais veltītais mājai zemes gabals Jaunajā Jeruzalemē ir 100 noteiktas vērtības, tad pats lielākais nams Trešajā Debesu Valstībā sastāda tikai 60 tādas vienības. Tas saka mums par to, cik ļoti Dieva ir priecīgs par tiem, kas iegājuši Jaunajā Jeruzalemē.

Brīnišķais aromāts un mājas izstarotās gaismas spēks Trešajā Debesu Valstībā atkarīgs no tā, par cik mājas īpašnieks kļuvis līdzīgs Dievam. Mājām Trešajā Debesu Valstībā un Jaunajā Jeruzalemē kopīgs ir tas, ka uz tām nav plāksnīšu ar vārdiem. Unikālais aromāts un Ziemeļblāzmai līdzīgais gaismas starojums, ko izplata šīs mājas, iepazīstina ar saimnieku, tādēļ pat bez vārda plāksnītes katrs zina, kam pieder šī māja. Tas izskaidrojams vēl arī ar to, ka starp ticīgajiem, kuri ieies Debesu Valstībā salīdzinoši nedaudzi nokļūs Trešajā Debesu Valstībā vai Jaunajā Jeruzalemē.

Tas attiecas ne tikai uz mājām. Pat zelta ceļi šeit daudz spožāki un krāšņāki, kā Otrajā Debesu Valstībā. Tā kā Trešo Debesu iedzīvotājiem ir visas ērtības, ko viņi tikai vēlētos, tad viņiem tāpat dots arī daudz eņģeļu. Liels skaits eņģeļu palīdz viņiem apkopt māju un apkalpot viesus. Citās Debesīs, ieskaitot Otro Debesu Valstību, nav personīgi kalpojošo eņģeļu, bet Trešajā Debesu Valstībā un Jaunajā Jeruzalemē eņģeļi apkalpo katru iemītnieku. Viņiem tāpat ir mākoņiem līdzīgi sabiedriskie automobiļi, un viņi var ceļot pa bezgalīgo Debesu Valsti, kad vien vēlas.

Trešās Debesu Valstības pilsoņiem tiek dots dzīvības vainags. Šo pirmo balvu viņi saņēmuši tāpēc, ka izturējuši pārbaudījumus, ieliekot savu dzīvi Kunga rokās (Jēkaba vēst. 1:12). Tie, kas mājo Trešajā Debesu Valstībā, dzīvo daudz brīnišķīgāk salīdzinot ar Otrās Valstības iemītniekiem. Bet pat viņi izjūt nožēlu, redzot Jauno Jeruzalemi. Tādēļ ļoti svarīgi, kopā ar sevī iekopto svētumu, izpatikt Dievam un būt uzticīgiem visā Dieva namā.

5. Jaunā Jeruzaleme – mājvieta pilna gara ļaudīm.

Atklāsmes 21:11, apustulis Jānis saka sekojošo par Jaunās Jeruzalemes pilsētas slavu: „Tā bija dievišķā godībā; tās spožums bija kā visdārgākā akmens spožums, kā kristāldzidrs jaspids."

Visa pilsēta apņemta ar Dievišķu godību. Gaisma, kas nāk no Jaunās Jeruzalemes, tik dižena un brīnišķa, ka to skatot neiespējami apvaldīt savu sajūsmu. Šīs vietas skaistums un diženums atrodas aiz mūsu iztēles robežām. Tā paredzēta tiem, kas sasnieguši pilnīgu svētumu, kas bija uzticīgs visā Dieva namā un, kas sekoja Viņa gribai, saprotot Dieva sirds dziļumus. Tādā veidā, tā ir vieta – priekš pilna gara ļaudīm, kas sasnieguši piekto ticības līmeni.

Šī pilsēta ieskauta augstiem mūriem, kuri izstaro spožu gaismu, un tā ir robeža starp Trešo Debesu Valstību un Jauno

Jeruzalemes pilsētu. Jaunās Jeruzalemes parametri pēc platuma, augstuma un garuma vienādi. Katrs no tiem ir 12.000 stadijas (Atklāsmes 21:16). Stadija ir garuma mērs, un 12.000 stadijas – tas ir ap 2400 km.

Ja stādāmies priekšā Jaunās Jeruzalemes pilsētu plānā, tas ir ņemot vērā tās garumu un platumu, tās laukums 58 reizes pārsniedz Dienvidkorejas valsts teritoriju. Bet tas ir tikai divdimensiju mērs vai tās laukums. Jaunās Jeruzalemes augstums arī ir 2400 km. Tādēļ mūsu priekšstati par mēriem neļauj mums pilnībā stādīties priekšā Jaunās Jeruzalemes pilsētas parametrus.

Katrā no četrām pusēm pilsētas mūrim – pa trīs pērļu vārtiem, tas ir pavisam divpadsmit vārti. Pilsētas mūra pamatos – divpadsmit dažādi dārgakmeņi. Katrus vārtus apsargā eņģelis, un ceļi taisīti no tīra zelta, kas pie tam līdzīgs kristāltīram stiklam. Ir tāpat daudz citu dārgakmeņu papildus pie divpadsmit pamatakmeņiem. Daži no tiem tik milzīgi, ka mēs nevaram aptvert to izmērus. Bet daži citi iztaro divu vai trīs kārtu gaismu dažādās krāsās.

Telpa Jaunas Jeruzalemes iekšpusē var tikt iedalīta Dieva Tēva teritorijā, Kunga teritorijā un Svētā Gara teritorijā. Tēva teritorijā izvietotas ticības patriarhu mājas, kuri dzīvoja Vecās Derības laikos, to skaitā Elija, Enohs, Mozus un Ābrahāms. Pa labi un zemāk par Dieva Troni – Kunga teritorija, ar zelta jumtu. Apkārt ēkai ir daudz citu būvju dažādās krāsās un formās. Viņa mājas tiešā tuvumā atrodas Viņa mācekļu mājas – Pētera, Jāņa un Jēkaba, bet pēc tam arī citu mācekļu mājas.

Pa kreisi un zemāk par Dieva Troni – Svētā Gara teritorija, uz kuras piepildies ar labām, maigām, kā mātes jūtām. Uz šīs teritorijas izvietotas to mājas, kas iegājuši gara pilnībā Svētā Gara ērā. Dažas mājas jau pilnībā izgreznotas, bet dažas citas mājas tiek noformētas ar dārgakmeņiem, un šis darbs gandrīz pabeigts. Pie kādām mājām tiek paplašināti zemes gabali, jo mājas saimnieks turpina glābt dvēseles uz šīs zemes.

Mājas Jaunajā Jeruzalemē ir lielas un greznas, vārdu sakot, kā gigantiskas pilis. Īpašumu lielums ir atkarīgs no tā, cik cilvēks ir bijis lēnprātīgs uz šīs zemes; visām mājām Jaunajā Jeruzalemē būs lieli zemes gabali, jo viņi izveidojuši sevī lielu lēnprātību. Pie katras mājas būs tāpat papildus aprīkojumi, kas būs ierīkoti pēc saimnieka vēlmēm un varēs bez grūtībām noteikt, kam ir šī māja, tādēļ ka tā būs būvēta ņemot vērā ticību, apbalvojumus un saimnieka gaumi. Dieva godības gaisma un dārgakmeņi, ar kuriem greznots katrs nams, runā mums par to, kādā mērā viņa saimnieks izkopis sevī svētumu, un cik viņš/viņa izpatika Dievam uz šīs zemes. Viņiem dotās balvas būs atkarīgas no tā, cik viņi ziedojuši Kungam to, kas viņiem patīk, ko viņiem gribējās darīt un ko gribējās iegūt.

Zelta vainags un ticības vainags galvenokārt gaida tos, kas ieies Jaunajā Jeruzalemē. Zelta vainags greznots visiem iespējamajiem dārgakmeņiem. Atklāsmes 4:4, teikts: „Ap goda krēslu divdesmit četri krēsli, krēslos sēdēja divdesmit četri vecaji, apģērbti baltās drēbēs, viņiem galvā zelta vainagi."

Zelta vainagi izgatavoti no tīra zelta, kurā nav nekādu citu piemaisījumu. Tas ir patiesas, nešaubīgas ticības simbols. Šī balva tiek dota tiem, kas sasnieguši ticības mēru, kas patīk Dievam.

Taisnības vainags gaida tos, kas izkopuši patiesu sirdi, bez traipa un vainas un, kas bija uzticīgi Dieva Valstībai (2. vēst. Timotejam 4:7-8). Tiem, kas ieies Jaunajā Jeruzalemē, bez zelta vainagiem un taisnības vainagiem, būs dotas arī citas balvas. Par katru gadījumu, kurā viņi pagodinājuši Dievu uz šīs zemes, viņiem balvā būs dots vainags.

Vēl vairāk, ir daudzums lietu, ko Dievs sagatavojis mums Jaunajā Jeruzalemē. Atklāsmes 21:2 par to teikts: „Un es Jānis redzēju svēto pilsētu, Jauno Jeruzalemi, nokāpjam no debesīm no Dieva sagatavotu kā savam vīram greznotu līgavu." Kā līgavas izgrezno sevi, tērpjoties pašā skaistākajā, kāzu dienā tā būs izgreznota Jaunās Jeruzalemes pilsēta, pati skaistākā , ērtākā, pilna labklājības un laimīgākā vieta no visām Debesu mājvietām.

Krāsu daudzveidība, kurā laistās mirdzošie katras mājas dārgakmeņi, rada ideālu harmoniju. Daži īpašumi iekļauj sevī milzīgus ezerus, lielus mežus, plašus līdzenumus, atpūtas vietas, ideāli sakoptus dārzus un neskaitāmus putnus un brīnišķīgus dzīvniekus. Pat viena vienīgi iespēja ieiet Jaunajā Jeruzalemē jau izmainīs ļaužu sirdis. Viņi baudīs laimi mūžīgi, godā un priekā, ko neiespējami aprakstīt vārdiem.

No cilvēces pilnveidošanas sākuma nav daudz iegājušo Jaunajā Jeruzalemē. Dievs vēlas, lai katrs, kļūstot par Viņa patiesu bērnu, dzīvotu Jaunajā Jeruzalemē, tomēr daudz vairāk to ļaužu, kuri knapi saņēmuši glābšanu. Viņi pastāvīgi ir pateicīgi par to, ka nebija nogrūzti ellē un var baudīt patiesu mieru Paradīzē.

Laimes sajūtu Paradīzē nekādā veidā nevar salīdzināt ar to, ko izjūt Jaunās Jeruzalemes iedzīvotāji. Tā pat ļoti atšķiras laimes sajūtas, kuru jūt Pirmajā Debesu Valstībā. Daudz atšķirību ir apkārtējā vidē un apstākļos, kas ir katrā no mājvietām, un atbilst Dieva taisnīgumam, kas ir patiesas Dieva mīlestības parādīšana mums. Dievs pieļauj tiem, kas atrodas vienādā gara līmenī dzīvot kopā, lai pilnas brīvības un laimes atmosfēra valdītu katrā no Debesu mājvietām, un priekš tās dzīves viņiem dots garīgais ķermenis, kas ir vislabāk piemērots garīgai telpai.

2. nodaļa

Gars, dvēsele un miesa garīgajā telpā

Dieva dāvanas mums būs dotas tādā apmērā, kādā mēs dzīvojot šajā fiziskajā pasaulē, esam izkopuši sevī garu, dvēseli un miesu, kas pieder garam. Viņš dos svētlaimi baudīt Debesu mājokļus, un tāpat apģērbu, vainagus un citas rotaslietas, saskaņā ar to, ko mēs esam darījuši uz zemes.

1. Garīgā forma.

2. Dvēsele un miesa, ko vada Gars.

3. Dieva dāvana.

Kinofilmās vai televīzijas uzvedumos reizēm rāda, kā gars pamet ķermeni, un tas izskatās tieši tāpat, kā pats cilvēks. Gars redzot savu ķermeni guļam, ar izbrīnu jautā: „Kāpēc šis man līdzīgais cilvēks tur guļ?" Vai tas ir izdomājums, kas eksistē tikai uz televīzijas ekrāniem un kinoteātros? Bībele raksta par garīgās pasaules un mūsu gara eksistenci.

Priekš tā, lai mēs dzīvotu mūžīgajā Debesu Valstībā, mums nepieciešams būt ar garu, dvēseli un miesu, kuri pieder pie garīgās telpas. Visi ļaudis piedzimst ar mirušu garu tādēļ, ka Ādams grēkoja. Un tā rezultātā viņi dzīvo sekojot savām vēlmēm un kaislībām. Bet, kad viņi pieņem Jēzu Kristu un saņem Svēto Garu, to mirušais gars atdzimst, un viņi var kļūt patiesi Dieva bērni, kuri tiecās uz garīgo pasauli.

Dievs radīja ļaudis un pilnveido cilvēci līdzīgi fermerim, kurš iesēj sēklas tīrumā un audzē tās. Tikai, kad mēs sapratīsim Viņa gribu, mēs varēsim atdzemdināt mirušo garu un nodot paklausībai Garam mūsu garu un mūsu dvēseli un miesu. Un tikai tad mēs varēsim baudīt dzīvi mūžīgajā Debesu Valstībā, atrodoties pilnīgā debesu ķermenī, kad mums ir gars, dvēsele un miesa, kas piemērota dzīvei trešajās debesīs, kura ir gaismas telpa.

Kā mēs izskatīsimies šajā gaismas telpā? Šeit uz zemes mēs esam apveltīti ar garu, dvēseli un miesu, kas piemērota dzīvei fiziskajā telpā. Bet kad mēs ieiesim garīgajā telpā, mēs iegūsim garu, dvēseli un miesu, kas atbilst tai telpai.

1. Garīgā forma

Garīgā forma – tas ir gars, kam ir noteikta forma. To var stādīties priekšā trauka veidā, kurš satur garu. Visi izglābtie ļaudis ir ar noteiktām debesu formām, kuru krāšņums ir atšķirīgs. Atkarībā no katra svētuma mēra, garīgie ķermeņi izstaro dažādu gaismu. Sākumā mūsu ķermeņi būs augšāmcelti ķermeņi, bet vēlāk tie kļūs vēl pilnīgāki debesu ķermeņi.

Forma – tā ir noteiktas būtnes āriene. Kad mēs redzam debesīs planējošu ērgli, mēs varam teikt, kas tas ir ērglis, jo viņš ir ar savu neatkārtojamo veidolu. Un mēs varam atšķirt lauvu no ērgļa, jo tiem ir dažāda forma.

Fiziskais ķermenis – tā ir fiziskā forma, kuru mēs varam uztvert ar acīm. Mēs ļaudis esam ar formu vai fizisko apveidu, tas ir zemišķo ķermeni, bet mēs varam tāpat iegūt arī garīgo formu, kas ir piederīga Debesīm.

1. Vēstulē Korintiešiem, 15:38-40, teikts: „Bet Dievs tam dod miesu kādu gribēdams un ikkatrai sēklai savu īpatnēju. Ne visas miesas ir vienādas; citāda ir cilvēku miesa, citāda lopu miesa, citāda putnu un citāda zivju miesa. Tā arī ir debesu ķermeņi un zemes ķermeņi; bet citāda godība ir debesu ķermeņiem un citāda zemes ķermeņiem." Līdzīgi tam, kā ir redzamā forma, kas ir arī mūsu fiziskais ķermenis, garam tāpat arī ir forma. Mēs varam teikt, ka garīgā forma – tas ir trauks, kura saturs ir pats gars. Kas attiecas uz ļaudīm, tad pēc viņu zemes dzīves beigām viņu dvēseles būtība nepazūd, bet uzglabājas garīgajā ķermenī. Garīgā ķermeņa gaisma nav vienāda,

bet tā atkarīga no tā, cik cilvēks dzīvojot uz šīs zemes, sekojis patiesībai. Katra cilvēka garīgajam ķermenim ir savas īpatnības un tas nozīmē, ka tos var atšķirt citu no cita. Skatoties uz garīgā ķermeņa gaismu, var pateikt kādu Debesu mājvietu izpelnījies cilvēks, ja Dievs nolems atsaukt viņu tieši tagad.

Garīgā forma – tā nav spocīga figūra. Tā ir noteikta blīvuma figūra. Kaut arī šķiet, ka viņai nav svara, tas nav tā. Viņa vienkārši viegla, kā papirosa papīrs. Tā ka, neskatoties uz šķietamo bezsvaru, svars viņai tomēr ir. Bet tas nenozīmē, ka gars ir tik vājš, ka tas šūpojas vējā. Viņš ir tik viegls, ka to nevar nosvērt, bet kopumā, viņš ir pilnībā stabils.

Garīgā Ādama forma.

Ādams – pirmais Dieva radītais cilvēks. Dievs tik skrupulozi un rūpīgi formēja visus viņa iekšējos orgānus, kaulus un paša cilvēka uzbūvi, ka, kad Dievs iepūta viņā dzīvības elpu, viņš kļuva par dzīvu būtni, tas ir dzīvu dvēseli. Ādama sirds sāka sisties, asinis sāka cirkulēt, un viņa orgāni un šūnas sāka funkcionēt. Viņš bija brīnišķīgs radījums, kura miesa un kauli nekad nenovecoja – viņš bija neiznīcīgs. Un vēl, kad Dievs iepūta Ādamā dzīvības elpu, viņa gars ieguva tieši tādu pašu formu, kā viņa fiziskais ķermenis. Līdzīgi tam, kā Ādama ķermenim bija forma, viņa gars tāpat ieguva formu, kura izskatījās tāpat, kā arī viņa fiziskais ķermenis. Ādama ķermenī bija gars, kurš varēja kontaktēties ar Dievu, un dvēsele, kura atbalstīja šo garu.

Ādams varēja glabāt Dieva Vārdu un būt sadraudzībā ar Dievu, tādēļ ka viņa dvēsele un miesa bija paklausīgi garam. Kad

Ādams bija tikko radīts, viņa gars, kas uzturējās garīgajā ķermenī, bija līdzīgs tīrai papīra lapai. Dievs atveda viņu uz Ēdenes dārzu un mācīja viņam garīgās zināšanas. Un vēl Dievs teica Ādamam: „Bet no laba un ļauna atzīšanas koka tev nebūs ēst, jo tai dienā, kad tu ēdīsi no tā, tu mirdams mirsi," (1. Mozus 2:17).

Pēc ilga dzīves perioda Ēdenes dārzā, Ieva padevās sātana kārdinājumam, iekoda aizliegtajā auglī pati un deva to Ādamam. Rezultātā Ādams kļuva garīgi miris un notika tas, par ko brīdināja Dievs, sakot: „... mirdams mirsi." Tādā veidā viņa kontakts ar Dievu bija pārtrūcis.

Protams, Ādama gars bija Dieva dots, tādēļ pilnībā viņš nekad nebūtu izzudis. Dzīvības gars, kuru Dievs iepūta Ādama nāsīs, bija nemirstīgs. Tas ir, Dievs apveltīja viņu ar nemirstību.

Dotajā gadījumā, ar gara nāvi ir domāts, ka saikne ar Dievu izjaukta, un turpmāk tā arī pilnībā izbeidzās. Tā kā cilvēka gars pārstāja būt aktīvs, viņa dvēsele ieņēma vadošo stāvokli un sāka vadīt miesu. Miesīgās īpašības, tumsas radītas, sāka piepildīt garīgo formu. No tā momenta Ādama ķermenis sāka pakļauties fiziskajai kārtībai. Viņš pārvērtās par būtni, kurai jāmainās, jānoveco un beigu beigās jānomirst.

Cilvēka garīgā forma nāves stundā.

Pēc fiziskā ķermeņa nāves gars un cilvēka dvēsele būs saturēta garīgajā formā, lai eksistetu mužīgi. Dvēsele neizzudīs pat pēc fiziskās nāves, tādēļ ka tā savienojas ar garu un turpina pildīt dvēseles funkcijas. Pat pēc tā, kad ķermenis nomirst un beidzas smadzeņu funkcijas, zināšanas, ko satur smadzenes, būs saglabātas garīgajā formā. Domas un jūtas arī paliks. Šis gara un dvēseles savienojums vēl zināms kā „gars – dvēsele," bet vairumā gadījumos, mēs vienkārši pielietojam vārdu „gars."

Ja cilvēks pieņem Jēzu Kristu, dzīvo pēc Dieva Vārda un iegūst tiesības ieiet gaismas telpā, viņa garīgā forma mirdzēs. No otras puses, ja cilvēka gars miris, jo viņam nebija kontakta ar Dievu, Kas ir Gaisma, un viņš iestidzis grēkos un šīs pasaules ļaunumā, tad viņa garīgā forma būs tikai tumsa.

Ļaudis, glābtie un neglābtie, nāves momentā pilnībā atšķiras cits no cita. Neizglābtie parasti mirst šausmās, ar atvērtām acīm; izglābtie mirst mierā, ar aizvērtām acīm. Tajā momentā, kad gars pamet ļaužu ķermeni, viņi uzzin, ka ir Debesis un elle.

Daži no neizglābtajiem redz viņus gaidošos elles sūtņus. Elles sūtņi pildīti ar tumsu no galvas līdz kājām. Viņi tērpti melnās drēbēs. Viņiem ir bālas sejas, melnisarkanas lūpas, un ļoti tumši loki zem acīm. Cik gan briesmīgi sajūtas cilvēks pie tāda atbaidoša skata elles sūtņu parādīšanās! Šajā momentā viņš uzzin, ka Debesis un elle patiešām eksistē un mirst šausmās. Savas pagātnes nožēlošana jau viņam vairs nepalīdzēs. Pārāk vēlu! Viņu aizvilks uz elli, un viņš nevarēs no tā izbēgt.

Taču tiem, kas glabāja savu ticību un dzīvoja labi un kārtīgi, kā kristietim pieklājas, nav ne no kā jābaidās. Tieši pirms nāves viņi redz divus eņģeļus baltās drēbēs, kuriem rozā sejas un no kuriem nāk miers. Gara atdalīšanās no ķermeņa momentā, ticīgie izjūt neizsakāmu prieku un laimi.

Nomira viena no mūsu draudzes locekļēm, nodzīvojusi savu dzīvi ticībā. Viņai bija tiešām laba un lēnprātīga sirds, tādēļ viņai nekad neradās grūtības un konflikti attiecībās ar cilvēkiem. Viņai bija miers ar visiem un viņas vārdos bija tikai labestība, mīlestība un patiesība, piepildīta ar lēnprātību. Viņa patiesi mīlēja Dievu, un viņas galvenā prioritāte vienmēr bija Dieva darbs. Viņa nežēloja savu dzīvi, kad tas bija nepieciešams priekš Dieva Valstības. Es redzēju neparasti spožu gaismu, kas nāca no tās vietas, kur notika bēres. Kad es ieraudzīju, kāda ranga eņģeļi atnākuši paņemt viņas garu, es arī sapratu uz kādu Debesu mājokli viņa aizies.

Izglābto garīgā forma.

Kad uz zemes mirst izglābts cilvēks, viņa gars iziet no ķermeņa. Tad divi eņģeļi pavada viņa garu vedot uz pagaidu vietu Debesīs. Līdz Kunga Augšāmcelšanai Augšējais kaps bija pagaidu vieta Debesīs. Bet pēc Viņa Augšāmcelšanās šī vieta mainījās. Dvēseles (gars – dvēsele) atrodas citā pagaidu vietā – Paradīzes nomalē. Arī dvēseles, kas bija glābtas Vecās Derības laikos tāpat bija pārvietotas uz šo pagaidu vietu.

Jaunās Derības laikos izglābto ļaužu gars, pametis ķermeni, pēc nāves dodas uz Augšējo kapu. Viņš tur paliek trīs dienas, lai adaptētos pie garīgās pasaules, izietu apmācību un saņemtu zināšanas, kas nepieciešamas garīgajā telpā. Pēc tam viņus pārvieto uz pagaidu vietu Paradīzes nomalē. Cilvēces audzēšanas process būs pabeigts ar Kunga Otro Atnākšanu padebešos. Pēc tam sāksies Tūkstošgadu Valsts, bet, kad arī tā nāks pie beigām, notiks Tiesa Lielā Baltā Troņa priekšā. Tiesā Dievs piešķirs katram Debesu mājokli un dos vainagus atbilstoši viņu darbiem.

Un tā, kā izskatās to garīgā forma, kas saņēmuši glābšanu? Esot ar zināšanām par garīgo formu, vieglāk saprast arī to, kam ir sakars ar augšāmcelšanos un aizraušanu. Ja mirst bērns, tad viņa garīgā forma izskatās bērnišķa. Ļaudīm, kas miruši jaunībā, garīgā forma, tāpat izskatās jauna. To garīgā forma, kas miruši vecumā, arī izskatās veca. Tomēr garīgai formai nav bārdas, invaliditātes pazīmju, rētu vai krunku. Pat tad, kad cilvēks nomirst slimojot, viņa garīgā forma paliek vesela un jauna. Garīgā forma padzīvojušiem ļaudīm tāda pat, kā viņu fiziskais ķermenis nāves momentā. Taču viņa neizskatās nespēcīga, viņa līdzinās veselam un enerģiskam ķermenim.

Visi viņi nēsā baltas drēbes, bet pati forma izstaro gaismu. Gaismas spēks visiem cilvēkiem ir atšķirīgs. Jo svētāki viņi ir, jo spožāka un skaistāka gaisma. Atkarībā no gaismas spožuma, Debesu mājokļi un katra gods arī būs atšķirīgs. Un sieviešu matu garums būs atkarīgs no svētuma mēra, kuru viņas būs izkopušas sevī. 1. vēst. Korintiešiem 11:15, teikts: „Bet, ja sievai gari mati, tad tas viņai par godu. Jo mati viņai doti par apsegu.”

Sieviešu matu garums, kuras ieies Paradīzē, Pirmajā Debesu Valstībā vai Otrajā Debesu Valstībā būs līdz pleciem. Līdz pus mugurai būs to mati, kas nokļūs Trešajā Debesu Valstībā, un līdz viduklim – sievietēm, kuras aizies līdz Jaunajai Jeruzalemei. Kas attiecas uz vīriešiem, tad viņu matu garums visiem vienāds – līdz kaklam. Debesīs mati gan vīriešiem, gan sievietēm – gaiši un viļņaini.

Garīgā forma pagaidu vietā Debesīs vēl nav pilnībā ideāla un pilnīga. Tie, kas tur atrodas gaida Otro Kunga Atnākšanu padebešos, kad būs augšāmcelšanās laiks. Viņi varēs iegūt augšāmceltos ķermeņus tikai Otrās Kunga Atnākšanas laikā.

Augšāmceltais ķermenis.

Kad Kungs atkal atgriezīsies, to dvēseles, kas atrodas pagaidu vietā Debesīs savienosies ar viņu fizisko ķermeni, kurš pacelsies no kapa. Lūk, kādēļ Bībele runā, ka tie, kas miruši ticībā, nav miruši, bet aizmiguši. Viņu mirušie un apraktie ķermeņi uzcelsies un būs aizrauti gaisā, kur viņi savienosies ar savu garu – dvēseli. Mēs saucam tādus ķermeņus „augšāmceltie ķermeņi."

Kā gan ķermenis, nogulējis kapā daudzus gadus un pārvērties pīšļu saujā, vai ķermenis, kas bijis kremēts, var augšāmcelties un savienoties ar garu? Kaut arī tie neredzami mūsu acīm, bet elementi no kuriem sastāv ķermenis, vēl aizvien eksistē uz šīs zemes. Kunga atnākšanas laikā visi šie elementi būs savākti kopā un augšāmcelti Dieva spēkā. Šie ķermeņi savienosies ar garu – dvēseli un kļūs par pilnvērtīgiem ķermeņiem, kuros ir gan gars, gan dvēsele un miesa.

Bet tie, kas sagaidīs Kungu dzīvi, tāpat pārvērtīsies garīgos ķermeņos un būs paņemti gaisā. Tas saucas, „aizraušana". To var salīdzināt ar gigantisku magnētu, kurš aizrauj no putekļiem gaisā dzelzi.

1. vēstulē Tesaloniķiešiem 4:16-17, teikts: „Pats Kungs nāks no debesīm, kad Dievs to pavēlēs, atskanot

ercenģeļa balsij un Dieva bazūnei; tad pirmie celsies tie, kas ticībā uz Kristu miruši. Pēc tam mēs, dzīvie, kas vēl pāri palikuši kopā ar viņiem tiksim aizrauti gaisā padebešos, pretim Tam Kungam. Tā mēs būsim kopā ar To Kungu vienmēr."

1. vēstulē Korintiešiem 15:51-53, rakstīts: „Redzi, es jums saku noslēpumu; ne visi mēs mirsim, bet visi tiksim pārvērsti, piepeši, acumirklī, pēdējai bazūnei atskanot. Jo atskanēs bazūne, un mirušie tiks uzmodināti neiznīcībā, un mēs tapsim pārvērsti. Jo tam, kas šeit iznīcīgs, jātērpjas neiznīcībā, un tam, kas šeit mirstīgs, jātērpjas nemirstībā."

Šīs izglābtās dvēseles satiks Kungu gaisā un piedalīsies Septiņgadu Kāzu Mielastā. Šajā tekstā ar vārdu „gaisā" ir domāta īpaša telpa, nodalīta priekš mielasta Ēdenē, otrajās debesīs. Ēdene – milzīgi plašumi, kuri ietver sevī Ēdenes dārzu. Septiņgadu Kāzu Mielasts – tas ir laiks, atvēlēts izglābtām dvēselēm, lai tās saņemtu mierinājumu un iepriecu. Tas laiks paredzēts priekš tā, lai nosvinētu pūles, kas tērētas cilvēces audzēšanas laikā uz zemes. Un tāpat laiks, lai pateiktos Dievam, atceroties savu dzīvi uz zemes.

Kad dvēseles ietērpsies augšāmceltos ķermeņos, tad varēs redzēt katra svēttapšanas līmeni, kuru viņi sasnieguši, iekopjot sevī Kunga sirdi. Bez tam, viņiem būs kaut kāds priekšstats par to, kādas balvas un pagodinājumus viņi vēlāk saņems, Tiesas Dienā. Viņi ņems dalību Septiņgadu mielastā gaisā augšāmceltā ķermenī, bet pēc tam nonāks uz šo zemi, kur pavadīs vēl tūkstots gadu.

Un tā, ar ko gan atšķiras augšāmceltais ķermenis no garīgās formas? Augšāmceltais ķermenis un garīgā forma dažādi uztver garīgo telpu. Pati par sevi, garīgā forma nevar būt pilnvērtīgs ķermenis garīgajā pasaulē. Mēs vienīgi varam teikt, ka tad cilvēkam ir sākotnējā forma, kas nepieciešama dzīvei garīgajā telpā. Garīgā forma izskatās tāpat, kā cilvēks viņa nāves momentā, bet augšāmceltais ķermenis vienmēr būs trīsdesmit trīsgadīgs.

Jēzus pabeidza savu zemes dzīvi trīsdesmit trīs gadu vecumā. Līdzīgi saulei zenītā trīsdesmit trīs gadi cilvēkam ir viņa dzīves virsotne. Ļaudis būs jau pilnībā nobrieduši un kopā ar to vēl nav veci, bet pilni enerģijas un mundruma. Pēc 30 gadiem viņi parasti iegūst nobriedušu skaistumu. Un, ja salīdzināt to ar puķēm, tad tas līdzinās vētrainas ziedēšanas laikam.

Šī iemesla dēļ Dievs deva Saviem bērniem garīgo ķermeni, kurš būs vīriešiem ap 190 cm, bet sievietēm ap 170 cm. Neviens nebūs ne par resnu, ne pārāk tievs; visi izskatīsies vienkārši lieliski.

Augšāmceltais ķermenis – ir sataustāms. Viņam var pieskarties ar rokām, tā ka tas ir gars un dvēsele, kuri savienojušies ar augšāmcelto fizisko ķermeni. Jēzus Kristus parādīja mums tādu augšāmceltu ķermeni. Augšāmcēlušais Kungs parādījās Saviem mācekļiem un teica: „Redziet Manas rokas un Manas kājas! Es pats tas esmu. Aptausties Mani un apskatiet: jo garam nav miesas un kaulu, kā jūs redzat Man esam," (Lūkas 24:39). Kā Viņš arī sacīja, augšāmceltam ķermenim ir miesa un kauli.

Augšāmcelti ķermeņi ir neiznīkstoši ķermeņi, kuri nav saistīti ar fiziskajiem šīs pasaules ierobežojumiem. Augšāmcēlušais Kungs parādījās Saviem mācekļiem, kā rakstīts Jāņa Evaņģēlijā (20:19,26), izejot cauri sienai. Un šeit pat, Jāņa Evaņģēlijā 20:22, teikts, ka Jēzus „pūta" uz viņiem. Augšāmceltais ķermenis var elpot, un tāpat arī ēst un dzert. Apēstā barība izšķīst, un cilvēks to izelpo. Cik apbrīnojami, ka ēdiens tiks pārstrādāts un izelpots kopā ar gaisu, izdalot patīkamu aromātu un izšķīstot gaisā!

Lūkasa Eveņģēlijā 24: 41-43, uzrakstīts: „Bet, kad tie tam aiz prieka vēl neticēja un brīnījās, Viņš tiem sacīja: „Vai jums še ir kas ēdams?" Un viņi tam pasniedza gabalu ceptas zivs un tīru medu. Un Viņš ņēma un ēda to, viņiem redzot." Kungs ēda Saviem mācekļiem redzot, lai dotu viņiem iespēju noticēt augšāmcelšanai un uzzināt par augšāmceltu ķermeni. Bez tam, Viņš gribēja darīt viņiem zināmu, ka garīgais ķermenis arī var lietot barību. Marija Magdalēna un mācekļi uzreiz nepazina augšāmcelto Jēzu. Tā iemesls – gaisma, kura nāk no augšāmceltā ķermeņa. Uz augšāmceltā ķermeņa nav nekādu rētu, bet tā kā Toms šaubījās, Jēzus parādīja viņam Savas rokas. Jēzus atļāva Tomam ieraudzīt rētas, priekš tam, lai viņš iegūtu ticību.

Pilnīgais debesu ķermenis.

Kā jau es skaidroju, ļaudis, saņēmušie augšāmceltus ķermeņus, būs aizrauti gaisā, lai piedalītos Septiņgadu Kāzu Mielastā. Pēc tā viņi tajā pašā ķermenī nolaidīsies uz šo zemi uz Tūkstošgadu Valsts laiku. Kad tūkstošgade beigsies, viņi saņems mantojumā mājvietu Debesīs, izejot caur Tiesu Lielā Baltā Troņa priekšā. Un, kad tas notiks, viņi pārvērtīsies pilnīgos debesu ķermeņos, kurus var uzskatīt par augstāka līmeņa debesu ķermeņiem, salīdzinājumā ar augšāmceltiem ķermeņiem. Kāpēc tad Dievs liek mums iziet caur šo starpposma pakāpi? Kādēļ mēs saņemam augšāmcelto ķermeni, bet ne pilnīgo debesu ķermeni jau sākumā.

Tam iemesls, ka Debesu Valstība atrodas trešajās debesīs, bet Septiņgadu Kāzu Mielasts notiks otrajās debesīs; un starp tām ir liela atšķirība, tajā skaitā arī gara blīvumā un laika tecējumā. Tādēļ Dievs dod ķermeņus, kas vislabāk piemēroti katrai telpai. Kopējais faktors garīgai formai, augšāmceltajam ķermenim un pilnīgajam debesu ķermenim ir mirdzēšana, līdzīga Ziemeļblāzmas spīdumam, kura dažādais spēks atbilst katra svētuma mēram; bet pilnīgajā debesu ķermenī var redzēt arī tās balvas un godu, kuru cilvēks saņem no Dieva. Tajā ir pati lielākā atšķirība starp augšāmceltu ķermeni un pilnīgu debesu ķermeni.

Kad cilvēces audzēšana pienāks pie beigām, būs noteikts katra svēttapšanas līmenis, kuram arī atbildīs balvu skaits. Tādā veidā, skatoties uz garīgo gaismu, ko izstaro cilvēki, varēs redzēt atšķirību godā un balvās, ko viņi saņēmuši. Bet protams pilns spožums iestāsies tikai pēc Tiesas Lielā Baltā Troņa priekšā. Cilvēks iegūs pilnīgu debesu ķermeni tikai pēc tam, kad Dievs oficiāli atzīs un pasludinās, kāds gods un balvas pienākas katram cilvēkam.

Slavas gaisma.

Garīgās formas izstarotais spožums nav vienāds un atbilst katra svētuma pakāpei, ko katrs cilvēks sasniedzis uz šīs zemes. Tādēļ šo mirdzēšanu sauc par „slavas gaismu.” Jo lielāku svētumu un lielāku līdzību ar Kungu sasniedzis cilvēks, jo skaidrāka un mirgojošāka būs šī gaisma. Gaismas spožuma līmenis jau norādīs uz viņa ieņemamo stāvokli garīgajā hierarhijā. Un arī Otrās un Trešās Debesu Valstības iemītnieki izskatās dažādi. Tādēļ ka slavas gaisma, apģērbs, rotājumi un rotaslietas viņiem, un tāpat viņu frizūras būs atšķirīgas.

Atklāsmes 19:8, teikts: „Tai ir dots tērpties spožā, tīrā audeklā; Proti, audekls ir svēto taisnības darbi." Tas ir teikts, ka vīrieši un sievietes Debesīs nēsās spožas gaišas drēbes.

Drēbes, mīkstas kā zīds, plīvojošas, jo tās ir ļoti vieglas. Tur nav putekļu, un ļaudis nesvīst, tādēļ viņu apģērbi nekad nepaliek netīri, pat ja tos nēsā ilgu laiku. Šie tērpi ir ar daudz visiespējamākajiem rotājumiem un rakstiem, un to krāšņums un skaistums nekā nav salīdzināms ar drēbēm, kuras valkā uz šīs zemes. Un vēl, šīm drēbēm ir visas varavīksnes krāsas, un tās izstaro gaismu.

Eksistēs drēbes ikdienas lietošanai, banketiem, dievkalpojumiem, sporta nodarbībām un priekš piedalīšanās dažādās spēlēs. Pie jebkuriem apstākļiem varēs atrast piemērotu apģērbu. Debesīs ļaudis saņems apbalvojumus par to, ko bija darījuši uz zemes. Tādēļ gan pats apģērbs un to skaits katram cilvēkam nebūs vienāds. Kāds saņems tikai dažus baltus apģērbus, kāds cits – neskaitāmu daudzumu dažādu drēbju. Protams, ka slavas līmenis būs redzams ne tikai pēc apģērba. Mēs varēsim noteikt, kāda slava un kādas cilvēkam balvas pēc viņa vainaga galvā un pēc citiem rotājumiem.

Daudzums, dažādība, gaismas spožums un lieliskie cilvēkam

dāvinātie vainagi būs atkarīgi no svēttapšanas līmeņa, ko viņi izkopuši, un tāpat no tā, vai viņi strādājuši uzticīgi un ar ticību priekš Dieva Valstības. Katrs mājoklis atšķirsies pēc gaismas blīvuma, izvietojuma, spožuma un krāsu tīrības. Bet pat uz paša zemākā Debesu līmeņa drēbes būs daudz greznākas, brīnišķīgākas un krāsaiņākas par tām, ko mēs redzam uz zemes. Pilnīgais debesu ķermenis pats no sevis tik brīnišķīgs, ka liekas, nav vajadzības pēc papildus rotājumiem, bet Dievs dod vēl gan drēbes, gan vainagus un citus aksesuārus atbilstoši katra darbiem.

2. Dvēsele un ķermenis, ko vada Gars

Pēc Tiesas Lielā Baltā Troņa priekšā izglābtie Dieva bērni dzīvos Debesīs pilnīgos debesu ķermeņos. Pilnīgie debesu ķermeņi ir ar dvēseli, kura pakļauta garam un garīgo ķermeni, kas nerada nekādus izdalījumus.

Kādēļ tik svarīgi zināt par garu, dvēseli un miesu? Tādēļ ka mums vispirms jāatjauno sākotnējais gars, dvēsele un ķermenis, kurš izmainījās Ādama grēkā krišanas dēļ. Un turklāt tajā ietverts iemesls, kura dēļ Dievs uz šīs zemes audzē cilvēci. Kad mēs pieņemam Jēzu Kristu un saņemam dāvanā Svēto Garu, mūsu gars atdzīvojas, un tad mums jāaudzē mūsu gars. No gara izaugsmes līmeņa atkarīgs, vai mūsu dvēsele un ķermenis atrodas zem gara vadības. Un tad mēs varam kļūt ļaudis, kuri pieder garam.

Kad gars valda pār cilvēka dvēseli un miesu, par viņu saka, ka viņa „dvēselei labi klājas." Jāņa 3. vēstulē 1:2 par to rakstīts: „Mīļais, es tev novēlu visās lietās tādu labklājību un veselību, kāda jau ir tavai dvēselei."

Kad cilvēka dvēselei labi klājas, viņš var atmest domas, kuras pieder miesai. Ja viņam par kaut ko negribas domāt, viņš uzreiz tā arī dara. Cilvēks var pēc savas vēlēšanās nejust smakas un nedzirdēt to, ko viņš negrib. Pēc savas vēlēšanās viņš var just vai nejust sāpes. Tā kā cilvēks var vadīt savas domas un jūtas, viņš būs pilns prieka un pateicības (Vēstule Romiešiem 8:6). Tāds cilvēks ir vesels un gūst sekmes visā. Slimības nevar iespaidot viņu, tādēļ ka viņš spējīgs tāpat kontrolēt savu ķermeni. Pat, ja viņš savas paša kļūdas dēļ saslimst, viņš varēs nekavējoši izveseļoties ticībā.

Dvēsele, ko vada gars.

Pirmais cilvēks, Ādams, kuru radīja Dievs, bija dzīvs gars; viņam bija gars, dvēsele un ķermenis, bet visu pārvaldīja gars. Viņa gars ieņēma vadošo stāvokli. Viņš vadīja viņa dvēseli un ķermeni pēc patiesības. Bet no tā laika, kad viņš sagrēkoja, viņa gars nomira, un miesa pārņēma viņa garu, dvēseli un ķermeni. Kad cilvēks bija dzīvs gars, Dievs apgādāja viņu tikai ar patiesības zināšanām, jo viņa dvēseles funkcijas vadīja tikai gars. Bet no tā laika, kad cilvēka gars palika bez dzīvības, kontroli pār viņa dvēseli pārņēma sātans. Tā kā gars bija miris, tad arī cilvēka dvēseles funkcijas vairs nebija saistītas ar garu.

Taču, pēc tā, kad cilvēks pieņem Jēzu Kristu, viņš var atjaunot dvēseles funkcijas, kuras vada gars, bet tikai tādā pakāpē, kādā viņā atdzimis gars, no Svētā Gara, un par cik viņš paklausa Dieva Vārdam. Viņa kļūdainās zināšanas, teorijas un domas, nederīgās Dieva acīs, būs aizvietotas ar patiesību. 2. vēstulē Korintiešiem 10:4-5, par to teikts tā: „... mēs apgāžam prātojumus un visas augstprātīgās iedomas, kas paceļas pret Dieva atziņu, un uzvaram visus prātus, lai tie ir Kristum paklausīgi."

Ja cilvēka dvēsele pakļaujas miesai, tad viņš, un tas ir pilnīgi likumsakarīgi, padosies sātana intrigām. Tā, ka tādas dvēseles darbības cilvēks pat, ja viņš centīsies, nevarēs pakļaut gara vadībai. Tādēļ ļaudīm nepieciešams pastāvīgi pielikt pūles priekš tā, lai izmainītu dvēseles funkcijas un pakļautu tās patiesībai, kontrolējot savas domas, vārdus un rīcību. Neatlaidība, kopā ar karstām lūgšanām, palīdzēs dvēselei iegūt tās funkcijas, kuras pakļautas garam, pateicoties Dieva labvēlībai un spēkam un ar Svētā Gara palīdzību.

Dvēsele, kura pieder garam, pakļaujas garam, kas izpildīs saimnieka funkciju, kā tas arī iesākumā bija. Tad šis cilvēks sāks domāt par labvēlību, mīlestību un patiesību, tādēļ ka tagad viņā tikai tās dvēseles funkcijas, kuras ir paklausīgas garam. Piemēram, pat ja apkārtējie izturas pret viņu rupji vai agresīvi, cilvēks, kura dvēseli vada gars, neapvainosies. Viņš vēlas mieru un saprašanos ar citiem, izvairoties no jebkādas konfrontācijas ar viņiem. Tā vietā, lai satrauktos, viņš izjūt līdzjūtību pret tiem, kas pret viņu lolo naidu.

Protams, nepatiesība, kas jau atrodas atmiņā, ir arī ļaudīm, kuru dvēseles gūst sekmes. Bet pat pie tā, ka tā ir atmiņās sātans nevarēs neko pasākt, ja sirds jau attīrīta no nepatiesības. Dabīgi, ka tādas dvēseles funkcijas būs tikai gara vadītas. Viņi seko Svētā Gara vadībai, tādēļ neredz to, ko viņiem nevajag redzēt. Viņi netiesā un nenosoda, viņi dzīvo saskaņā ar patiesību.

Ja viņu dvēseles funkcijas turpina pakļauties garam, tad tās dvēseles funkcijas, kas pieder miesai var pilnībā izzust. Viņi sāks izjust pretīgumu pret jebkuru nepatiesību, ko ieraudzīs, sadzirdēs vai pateiks. Kā tikai nepatiesība pilnībā izzudīs no viņu sirds, tā tāpat pametīs arī viņu domas. Tādā veidā, ja mēs piepildīsim mūsu sirdi tikai ar patiesību un piepildīsim to pilnībā, mūsu dvēsele sāks piederēt tikai patiesībai.

Dvēsele zina visu, bet apdomā tikai patiesību.

Kad mēs uziesim Debesīs, tur būs ne tikai mūsu gars. Mūsu dvēsele būs tāpat ievietota garīgajā formā. Šī ir tā dvēsele, kura tiek gara vadīta, tas ir no patiesības. Tikai tā mūsu dvēseles daļa, no kuras iztīrīta nepatiesība un, kurā izkopta patiesība, apvienosies ar garu. Vai tas nozīmē to, ka mēs neko nezināsim par nepatiesību, kad nokļūsim Debesīs? Nē, tas tā nav. Mēs izpratīsim nepatiesību daudz dziļāk, nekā tagad.

1. vēst. Korintiešiem 13:12, teikts: „Mēs tagad visu redzam mīklaini, kā spogulī, bet tad vaigu vaigā; tagad es atzīstu tik pa daļai, bet tad atzīšu pilnīgi, kā es pats esmu atzīts."

2000. gadu atpakaļ par spoguļiem kalpoja nopulētas sudraba, bronzas vai dzelzs plāksnītes, un salīdzinot ar mūsdienu spoguļiem, tie bija blāvi. Atspulgs spogulī nebija skaidrs. Tādēļ redzēt varēja tikai kopējās priekšmetu kontūras. Tagad atspulgs spogulī ir skaidrs. Tā arī Debesīs. Mēs visu redzēsim skaidri un precīzi, un pat to, par ko mēs nezinājām uz šis zemes.

Kā tikai mūsu dvēseli pārvaldīs gars, tad pat, ja padomāsim par kaut ko, kas atnesa mums kaunu vai pazemojumu uz zemes, mums vienalga neradīsies nodomi, kas naidīgi patiesībai, vai pārestības sajūta. Mums būs tikai garīgas domas, domas par patiesību ar lēnprātību, mieru un žēlastību.

Apkārtējo siržu saprašana Garā.

Debesīs mēs varēsim nekļūdīgi noteikt, kas ir katra cilvēka sirdī, sapratīsim un sajutīsim to, ko jūt apkārtējie. Tā ka viņiem nebūs nekāda ļaunuma sirdī, tad nekādu pārpratumu, aizspriedumu vai nosodījuma tur nav. Īpaši tas attiecas uz Jauno Jeruzalemi, kur visi gara pilnībā saprot cits cita sirdi. Katrs vārds, ko viņi izrunā, satur rūpes, mīlestību un gatavību kalpot, ar ko viņi arī iegūst citu ļaužu siržu simpātijas. Viņi izpratuši Dieva Tēva un Kunga sirdi un tāpat citu ļaužu sirdis, tādēļ viņiem saprotamas Dieva domas un jūtas cilvēces uzaudzēšanas periodā uz zemes; viņi tāpat izprot, ko juta Kungs pie krusta.

Kādu reizi Dievs atļāva man sajust garā Mozus sirdi. Es satikos ar Mozu, kurš stāvēja neparasti spožā gaismā un bija piepildīts ar labestības aromātu. Kad viņš turēja mani aiz rokas, uz mani pārplūda Dieva mīlestība. Kad Viņš sāka runāt, tad viņā bija liela drošība un pašcieņa, kā tad, kad viņš sludināja Dieva Vārdu Izraēla bērniem tuksnesī.

Mozus stāstīja man par savu bērnību Ēģiptes pilī. Viņš pastāstīja man par to, ka viņš bija ebrejs, no savas aukles, kas īstenībā bija viņa māte. Viņš izstāstīja man par to gadījumu, kad Izraēla bērni pielūdza elkus tuksnesī un par to kā viņš, kā iziešanas līderis, tad jutās. Kad Mozus par to atcerējās, viņa acīs parādījās asaras.

Kad kāds raud, atceroties to, kas notika uz šīs zemes, viņu asaras ātri pārvēršas brīnišķīgā gaismā. Tas aizskar klausītāju sirdis, un viņi arī piepildās ar labestību un mīlestību pret dvēselēm.

Viņi no jauna piepildīsies ar pateicību un mīlestību pret Dievu, Kurš devis viņiem laimi Debesīs un no visas sirds dod godu Viņam. Viņi patiesi ar visu prātu un dvēseli mīl Dievu, un viņu mīlestība un pateicība sirdī paliek nemainīgas. Viņi dziļi saprot Dieva prātu tajā, ka Viņš vēlas iegūt patiesus bērnus, lai dalītos ar viņiem Savā mīlestībā, kaut arī tas nozīmē, ka Viņiem nāksies iziet caur daudzām ciešanām cilvēces audzēšanas procesā. Tādēļ viņi mūžīgi Viņam pateiksies no visas sirds.

Ķermenis, kuru vada gars.

Esot dzīva dvēsele, tas ir dzīvs gars, Ādams nebija pilnīgs. Gars, kurš nezin par miesu, nav pilnīgs. Tāpat arī miesai, kura nepazīst garu, nav pašai par sevi nekādas vērtības. Tie, kas nav pieņēmuši Jēzu Kristu, kā savu personīgo Glābēju, ir miesas cilvēki. Viņi nevar sasniegt Debesu Valstības realitāti un garīgo pasauli. Viņu beigas – mūžīgā agonija elles ugunīs. Tad, kam tad ir vērtība? Vērtīgi bus tikai tie ļaudis, kuri iepazinuši miesas pasauli un garīgo pasauli, atbrīvojušies no miesas un iegājuši garā.

Un atkarībā no tā, cik mēs kultivējam savā sirdī svētumu, tik mūsu miesa mainīsies un vairāk piederēs garam. Ļaudis vājie un slimīgie kļūs veseli tādā mērā, kādā viņi mainīsies garā, pat, ja viņi vēl nav kļuvuši pilnībā svēti.

Kā tikai mēs ieiesim garā, mūsu gars iekļaus sevī dvēseli un miesu tā, ka viņi darbosies kopā, kā viens vesels. Tad pat dzīvojot fiziskajā pasaulē, mēs kontrolējam savu dvēseli un ķermeni caur garu, un tas ir tāpat kā, ja mēs dzīvotu garīgajā telpā. Cik daudz mēs atjaunosim sevī Dieva veidolu, ko esam zaudējuši Ādama grēka dēļ, tikpat skaidri mēs varēsim kontaktēties ar Dievu, saņemt Viņa svētības un gūt sekmes visā.

Un vēl: kā tikai mēs kļūsim gara cilvēki, palēnināsies mūsu novecošanas process, bet, ja mēs ieiesim gara pilnībā, tad varēsim kļūt jaunāki. Mozum bija gan laba redze, gan viņa spēks nemazinājās līdz pašai viņa nāvei 120 gadu vecumā. Ābrahāms dzemdināja Īzaku, kaut viņš arī bija pārāk vecs, lai būtu bērni. Vēl vairāk, četrdesmit gadus pēc Īzaka dzimšanas viņš kļuva par tēvu vēl sešiem bērniem (1. Mozus 25). Bet Elija un Enohs novērsušies no visiem ļaunuma veidiem, sasniedza tādu dziļu gara līmeni, ka izpaudās Dieva raksturs. Tādēļ viņi stāvēja ārpus garīgās pasaules likuma, kurš saka, ka grēka alga ir nāve un varēja izbēgt no nāves.

Ķermenis, kuram nav vajadzīga barība.

Kad Dieva bērni ieies Debesu Valstībā, viņi beigu rezultātā iegūs pilnīgu debesu ķermeni. Esot ar neiznīcīgu ķermeni viņi baudīs mūžīgo dzīvību. Mateja Evaņģēlijā 26:29, teikts: „Bet es jums saku: Es no šī laika vairs nedzeršu no šiem vīnakoka augļiem līdz tai dienai, kad es to ar jums no jauna dzeršu Sava Tēva valstībā."

Augšāmcēlušais Kungs nesāks ēst nekādu barību līdz tam laikam, kamēr Viņš kopā ar ticīgajiem nevarēs dalīties priekā par cilvēces pilnveidošanas pabeigšanu. Vajag mums tikai, kā augšāmceltajam Kungam, iegūt garīgo miesu un mums vairs nebūs vajadzības ēst, lai uzturētu savu dzīvību.

Taču debesu ēdiena aromāts un sastāvs labvēlīgi iedarbojas uz garīgo formu, tādēļ varēs vai nu ēst vai ieelpot aromātu. Varēs ieelpot puķu vai augļu aromātu, pie tam ne tikai caur degunu, bet ar visu ķermeni un tāpat arī ar sirdi. Kad Vecās Derības laikos ļaudis pienesa ziedošanai dzīvniekus, Dievs ieelpoja to ļaužu sirds aromātu, kuri veica ziedošanu. Un pat šodien, kad mēs nākam uz dievkalpojumiem, piedalāmies pielūgsmē vai ziedojam, Dievs pieņem mūsu siržu labo aromātu.

Ieelpojot aromātu, sajūti vēl lielāku Debesu prieku un laimi. Uz šīs zemes ēdiena daudzveidība arī dod mums apmierinājumu. Līdzīgu baudījumu saņem arī garīgie ķermeņi, ieelpojot visdažādākos aromātus, Debesīs neviens ne no kā nenogurst, bet jūt laimi un apmierinājumu neskatoties uz to, ka visu laiku ieelpo vienu un to pašu aromātu. Ja viņi ieelpo augļu un puķu smaržu, tad kādu laiku viņu ķermeņi to uzsūc, bet pēc tam izplata. Pateicoties šim procesam ļaužu sirdis piepildās ar vēl lielāku laimi.

Mūsu ķermenis būs pilnīgs.

Pilnīgais debesu ķermenis – tas ir kopā ar to arī ķermenis. Tas jūt smaržas un var uzņemt barību. Tas var lietot dažādus augļus un dzert visādus dzērienus, kas izgatavoti no dzīvības ūdens. Papildus divpadsmit dzīvības koka augļiem ir daudzums arī citu augļu, kurus var ēst, cik mums gribas. Tur tāpat ir arī daudz dažādu dzērienu.

Vai mēs varēsim izmantot barībā tos pašus produktus, kuri mums patīk uz šīs zemes? Vai Debesīs ir gaļa, maize vai kūkas? Vai mēs skumsim pēc produktiem, kuri bija uz zemes? Kā tikai mēs dosimies uz Debesīm, mums negribēsies ēst neko no tā, ko mēs esam ēduši uz zemes. Mums vajag tikai iegūt ķermeni, kas vislabāk piemērots dzīvei trešajās debesīs, un mēs varēsim dzīvot mūžīgi, nejūtot vajadzību pēc barības.

Protams, nav izslēgts, ka jūs atcerēsieties par kādu specifisku ēdienu, kurš jums patika uz zemes un jums sagribēsies apēst kaut ko līdzīgu Debesīs. Jūs varēsiet pagatavot līdzīgu ēdienu. Bet tā kā augļu un dzērienu garša debesīs daudz labāka, nekā uz zemes, tad jums vairāk negribēsies to ēdienu, kurš pagātnē jums sagādāja patikšanu.

Debesīs mūsu apēstie produkti izšķīdīs un izgaisīs kopā ar elpošanu, tas ir nebūs parastā šīs zemes produktu izvadīšana no organisma. Apēstā barība izšķīdīs vienkārši caur elpošanu, uzturoties kādu laiku aromāta veidā un izgaisīs gaisā. Cik gan tas ir ērti un, cik tas apbrīnojami, ka mums nevajadzēs pārstrādāt un izvadīt pārstrādātos produktus, līdzīgi tam, kā tas notiek uz zemes! Acīmredzams, ka tur nebūs tualešu ar nevēlamām smakām. Debesīs mums būs, lūk, tāds pilnīgs ķermenis.

To pašu var pateikt par jebkuru no mājvietām Debesu Valstībā. Bet, ja mūsu dvēsele lielā mērā pieder miesai, bet ne garam, tad mūsu garīgajai formai spožums būs nenozīmīgs. No tā, cik mēs esam izkopuši savu dvēseli, pakļaujot viņu garam, atkarīga mūsu mājvieta: vai tā būs Paradīze, Pirmā vai Otrā Debesu valstība. Mēs varēsim ieiet Trešajā Debesu Valstībā vai Jaunajā Jeruzalemē tikai tādā gadījumā, ja mūsu dvēsele pilnībā piederēs garam, un ne mazākā tās daļa nebūs saistīta ar miesu.

Dievs ļauj mums pļaut to, ko esam iesējuši un apbalvo mūs par to, ko mēs darījuši, esot pildīti ar Viņa mīlestību un taisnību. Debesu mājokļi un debesu balvas atbildīs mūsu garīgajai gaismai un tātad, mums karsti lūdzoties jātiecas kļūt par cilvēku ar garu, dvēseli un miesu, kurus vada gars.

3.Dieva balva

Dievs sagatavojis balvu Saviem izglābtajiem bērniem un šī balva – mūžīgā dzīvība Debesu Valstībā. Visiem būs doti atšķirīgi Debesu mājokļi, un tas būs atkarīgs no tā, cik mēs, izejot caur cilvēces audzēšanas procesu uz šīs zemes, esam tiekušies iepazīt Dieva sirdi.

Dievam ir grandiozs projekts – savākt ticīgo ražu, atlasot „kviešus"; šīs ražas ievākšana turpinās arī šodien. Viņš meklē tos, kas tic Dievišķajai Radītāja būtībai un spēkam, redzamā visā, kas ir dabā, un, kas dzīvo pēc Dieva Vārda. To dvēseles ir tīras un brīnišķas kā kristāls. Bībele saka mums par laiku beigām, un tie, kas garīgi modri, jūt, ka cilvēces kultivācijas beigu laiks ļoti tuvu.

Pēc Ādama grēkā krišanas ļaudis vairoja pēcnācējus un attīstīja civilizāciju. Viņi ieguva dzīves pieredzi, iepazina vecumu, slimības un nāvi. Pēc tam, kad cilvēces pilnveidošana būs pabeigta, Dievs aicinās visus ticīgos padebešos, kuri izvietoti otrajās debesīs. Viņš mūs iepriecinās Septiņgadu Kāzu Mielastā un atļaus mums dalīties savā mīlestībā ar Kungu.

Atklāsmes 19:7-9, par to rakstīts tā:

„Priecāsimies, gavilēsim un dosim Viņam godu, jo atnākušas Jēra kāzas un Viņa līgava sataisījusies. Tai ir dots tērpties spožā, tīrā audeklā." Proti, audekls ir svēto taisnības darbi. Un viņš man saka: Raksti! Svētīgi ir tie, kas aicināti Jēra kāzu mielastā! Viņš man saka: „Šie ir patiesi Dieva vārdi."

Pie tā Dieva mīlestība neapstājas. Tieši tāpat, kā jaunieši pēc kāzām dodas ceļojumā, arī pēc kāzu mielasta beigām Dievs atļaus mums nolaisties uz zemes ar Kungu un valdīt kopā ar Viņu tūkstots gadus. Viņš atjaunos pirmās debesis, kurās bija vieta, paredzēta cilvēces civilizācijai un atļaus izglābtajiem ticīgajiem pilnā mērā dalīties viņu mīlestībā ar Kungu.

Atklāsmes 20:6, teikts: „Svētlaimīgs un svēts ir tas, kam daļa pie pirmās augšāmcelšanās. Pār tādiem otrai nāvei nav varas; bet tie būs Dieva un Kristus priesteri un valdīs kopā ar viņu tūkstoš gadu.”

Pēc Tūkstošgadu Valsts beigām Dievs paziņos, kādas dāvanas un apbalvojumus Viņš sagatavojis priekš saviem bērniem. Tiesas laikā Lielā Baltā Troņa priekšā Viņš apbalvos ļaudis par viņu zemes darbiem un noteiks viņiem dzīvesvietu Debesīs atbilstoši viņu ticības mēram. Viņi kļūs par Debesu Valstības, tas ir trešo debesu, pastāvīgiem iedzīvotājiem, kur nav asaru, bēdu, sāpju, slimību un nāves; ta ka viņu dzīve pilnīgajā debesu ķermenī būs piepildīta ar labestību, mīlestību, prieku un laimi.

Jāņa Evaņģēlijā 14:2-3, Jēzus mums apsola: „Mana Tēva namā ir daudz mājokļu. Ja tas tā nebūtu, vai es jums, tad būtu teicis: Es noeju jums vietu sataisīt? Un, kad es būšu nogājis un jums vietu sataisījis, tad es nākšu atkal un ņemšu jūs pie sevis, lai tur, kur es esmu, būtu arī jūs.”

Kam tad līdzinās Debesu Valstība un, kā mēs tur dzīvosim?

Jaunās debesis un jaunā zeme.

Debesis virs Debesīm – tīras, skaidras, gaišzilas. Dievs radīja debesis gaiši zilas, tādēļ ka šī krāsa dod mums dziļuma, augstuma un skaidrības izjūtu. Viņš grib, lai Viņa iemīļotie bērni, esot ar brīnišķīgām, kā kristāls sirdīm, dzīvotu laimīgi un mūžīgi.

Debesu Valstības debesīs tāpat ir arī mākoņi. Mākoņi kalpo kā rotājums, lai papildinātu skaistumu. Mākoņi vairo laimi debesu pilsoņu sirdīs. Kad Jaunās Jeruzalemes iemītnieki domā par Dieva mīlestību un slavē Viņu, skatoties augšup, debesīs eņģeļi lasa savu saimnieku domas un reizēm rada mākoņus sirds formā, vai raksta uz Debesu mākoņiem.

Dieva Godības gaisma Debesīs nekā nav salīdzināma pat ar saules gaismu. Tā spoži mirdz katrā stūrītī – no Jaunās Jeruzalemes līdz Paradīzei (Atklāsmes 22:5).

Dieva godības gaisma tik tīra un spoža, ka, ja Viņš spīdētu pār Paradīzes iedzīvotājiem, tad viņi nevarētu pacelt galvas, tik spēcīgs spožums šai mirdzēšanai. Tādēļ Dievs izdarījis tā, ka salīdzinājumā ar Jauno Jeruzalemi, gaismas spožums visās citās mājokļu vietās pakāpeniski samazinās. Trešā Debesu Valstība, Otrā Debesu Valstība, Pirmā Debesu Valstība, Paradīze – pēc attāluma mēra no Jaunās Jeruzalemes gaismas spožums samazinās.

Dieva spēkā četri gadalaiki – pavasaris, vasara, rudens un ziema – Debesīs nomaina cits citu. Pēc būtības pēc tā nav nepieciešamības, bet tie paredzēti priekš tā, lai Dieva bērni varētu baudīt dažādus dabas skatus, kas raksturo katru gadalaiku. Viņi var redzēt gan rudens lapas un pat ziemas sniegu.

Dievs iekārtojis visu pašā pilnīgākajā un brīnišķīgākā veidā, lai mēs varētu izjust katra gadalaika skaistumu, kuri bijuši uz šīs zemes. Taču, tas nenozīmē, ka Debesīs būs karsti vai auksti un, to kas pamatā asociējas mums ar laikapstākļu vai gadalaiku maiņu. Starp gadalaikiem ir atšķirība, bet sezonas nebūs iezīmētas ar karstumu vai aukstumu. Temperatūra vienmēr būs visoptimālākā dzīvošanai.

Debesu augsne sastāv ne no zemes, bet no zelta, sudraba un dažādiem dārgakmeņiem. Uz zemes tērauds ir ar dažādu blīvumu, un, ja tas ir pulverveida, tad to var aizpūst vējš. Bet, ja tas ir tērauda lodītēs, tad vējš to jau neaizpūtīs. Debesīs nav putekļu, bet zelts, sudrabs un dārgakmeņi ir ar sfērisku formu.

Zelta ceļš un ceļš no dārgakmeņiem.

Katrā Debesu mājvietā ir ceļš no zelta. Protams, ka spīdums, ko izstaro ceļš no zelta, katrā Debesu mājvietā atšķirīgs. Jo tuvāk jūs pieiesiet pie Jaunās Jeruzalemes, jo gaišāks būs spīdums un starojums. Zelts Debesīs, salīdzinot ar zeltu uz šīs zemes, cietāks, bet, kad tu ej pa to, rodas sajūta, ka tas ir mīksts. Uz šīs zemes zelta tīrradnis cilvēka plaukstas lielumā – liels retums. Vai jūs varat iedomāties, cik brīnišķi ieraudzīt bezgalīgu zelta ceļu, kas mirdz kā stikls! Tīrs zelts simbolizē nemainīgas garīgas ticības īpašības. Zelta ceļa spīduma spožums katrā mājvietā atšķirīgs, jo

Debesu mājokļi būs piešķirti katram saskaņā ar viņa ticības mēru.

Dievs neieliek īpašu nozīmi Paradīzes zeltā. Tomēr pēc virzīšanās mēra – no Pirmās Debesu Valstības uz Otro un Trešo Debesu valstībām, iemītnieki tuvojas arviem tuvāk pie pilnīgas ticības mēra, tādēļ zelta tīrība augstākā dzīvošanas vietā ir ar dziļāku jēgu, kas izpaužas spēcīgāka mirdzuma veidā.

Bez zelta ceļa, ir arī citi ceļi, tajā skaitā, no puķēm un dārgakmeņiem. Ir tāpat daži ceļi pa kuriem jūs pārvietosieties Dieva spēkā, tas ir, jūs paši vienkārši tikai stāvēsiet uz tiem. Garīgās formas ir ļoti vieglas, viņās nav nekāda svara. Tādēļ, pat, ja jūs ejat pa puķēm, jūs tām nekaitējat. Puķes priecājas un pastiprina smaržu, kad Dieva bērni tām tuvojas.

Ceļš no dārgakmeņiem bruģēts dažāda veida akmeņiem, kuri izstaro brīnišķu gaismu. Ja jūs uz to uzkāpjat, tas iemirdzas vēl krāšņāk. Taču ceļi no dārgakmeņiem veidoti ne pa visu Debesu Valstību. Tas būvēts tikai ap to mājām, kas pilnībā kļuvuši līdzīgi Kungam un nesuši lielu ieguldījumu piepildot Dieva plānu cilvēces audzēšanā.

Dzīvības Ūdens upe.

Dzīvības Ūdens upe iztek no Dieva Troņa. Tā nesot savus ūdeņus caur visu Debesu Valsti, atgriežas pie savas iztekas. Šī upe caurspīdīga un tīra, kā kristāls un tās plūdums tik mierīgs, ka šķiet, it kā tā stāvētu uz vietas. Ūdens upē nekad neizgaro un nepaliek netīrs. Tā ir kā jūras ūdens viļņi, kuri mirgo kā dārgakmeņi, kad atspoguļo saules gaismu skaidrā dienā. Šī upe simbolizē Dieva sirdi, Kas ir dzīvības ūdens avots, kas dabā visu atdzīvina. Dieva sirds – tā ir skaista, apžilbinoši mirdzoša sirds bez traipa un vainas. Tā ir pilnīga visā.

Tas fakts, ka dzīvības upe tek cauri visām Debesu Valstīm nozīmē, ka Dievs valda pār visām dvēselēm Debesīm, ļaujot tām dzīvot no Viņa labvēlības, katru dienu priecājoties. Garša dzīvības ūdenim ir mazliet salda, bet neko tamlīdzīgu uz šīs zemes jūs nogaršot nevarat. Kad to dzer, tas dāvā dzīvību, spēku un laimi.

Atklāsmes 22:2, teikts, ka tā tek „ielas vidū." Tā, ka no abām upes pusēm ir ceļi. Upe iztek no Dieva Troņa un plūst cauri visai Debesu Valstij, tādēļ, ja jūs ejat pa ielu, pa vienu vai otru upes pusi, tad jūs beigās sasniegsiet Dieva Troni. Garīgā šī fakta jēga ir tajā, ka dzīvojot pēc Dieva Vārda, Kurš ir dzīvības ūdens, mēs varam ne tikai sasniegt Debesu Valsti, bet arī aiziet līdz pašai brīnišķīgākai vietai Debesīs Jaunajai Jeruzalemei.

Bet gar Dzīvības Ūdens Upi ir krastmalas, pārklātas ar zelta un sudraba smiltīm. Apaļie smilšu graudiņi Debesīs, kaut arī ir cieti, liekas mīksti. Ļaudis nevar tikt savainoti vai saskrāpēti, ja skries vai noripos pa tām. Smiltis, atšķirībā no putekļiem, netiek vējā aiznestas un nepielīp pie debesu apģērba.

Jūs varat arī peldēties šajā upē. Pat, ja uz šīs zemes jūs nemācējāt to darīt, Debesīs jūs varēsiet brīvi peldēt. Priekš tā, lai iegremdētos upē, ļaudis uz zemes parasti pārģērbjas peldkostīmos. Taču debesu drēbes neizmirkst ūdenī. Tas vienkārši notek no materiāla virsmas. Tādēļ jūs varat brīvi peldēt, paliekot savās parastās drēbēs.

Gar zelta ceļiem, kas izvietoti abās upes pusēs, novietoti skaisti soli. Ap tiem – dzīvības koks, kas nes divpadsmit dažādus augļus. Atklāsmes 22:2, teikts: „Viņas ielas vidū un upes abās pusēs bija dzīvības koks, tas nesa augļus divpadsmit reizes, katru mēnesi savu augli." Tas nenozīmē, ka vieni augļi beidzas, un citi izaug to vietā katru mēnesi. Tas nozīmē, ka uz dzīvības koka vienmēr ir divpadsmit dažāda veida augļi.

Dzīvības koka auglis ir melones lielumā, bet pēc formas tas līdzinās ābolam. Viņš ir sārtā, skaistā krāsā. Divpadsmit augļi mazliet atšķiras pēc sava mirdzuma, izmēra un garšas. Ja kāds noraus augli no koka, tad to nomainot nekavējoši izaugs cits. Tie ir aromātiskāki, kā jebkuri augļi uz šīs zemes, bet to garšu nevar aprakstīt vārdiem. Tie kūst mutē, kā cukura vate.

Kādreiz Dievs parādīja man vīzijā Dzīvības Ūdens upi. Dieva bērni sēdēja uz soliem, kas izrotāti ar zeltu un dārgakmeņiem. Viņi patīkami runājās cits ar citu. Ja viņiem sarunas laikā, radās doma apēst dzīvības augli, tad apkalpojošais eņģelis, nolasot viņu domas, pienesa viņiem zelta groziņu ar augļiem. Jūs varat skatīties uz upi, sēžot uz soliem kopā ar jūsu iemīļotajiem cilvēkiem, vai varat patīkami sarunāties ar viņiem pastaigājoties gar upi. Cik gan laimīga būs tāda dzīve!

Dzīvnieki un augi Debesīs.

Debesīs ir neskaitāms daudzums dažādu dzīvnieku, putnu un zivju. Tur tāda veida dzīvnieki, kuru nav uz zemes, bet tajā pat laikā var nebūt tādu, kuri dzīvoja uz zemes. Debesīs nav to dzīvnieku, kuri 3. Mozus 11. nodaļā atzīti par nešķīstiem.

Dzīvnieki Debesīs nedaudz lielāki, kā uz zemes. Viņi šķiet varenāki, bet viņiem ir mierīga daba, un viņi ir ļoti paklausīgi. Dzīvnieku vilna un putnu spalvas izstaro spilgtu gaismu un izplata smalku aromātu. Un pat lauva tur nemaz nav draudīgs, bet otrādi, mierīgs. Viņa tīrā spalva un zelta krēpes atklāj apbrīnojamu skatu.

Dzīvnieki Debesīs sveicina Dieva bērnus un priecājas ieraugot viņus. Un tajā skaitā, Jaunajā Jeruzalemē daži ļaudis saņems kā dāvanu tādus dzīvniekus, kā mājdzīvniekus, vai pat veselu zoodārzu. Dzīvnieki izpilda mīļus trikus, lai iepriecinātu savus saimniekus. Ne jau tādēļ, ka viņi saprastu savu saimnieku domas, jo viņiem ir dvēsele. Vienkārši, kā arī eņģeļi, kuri paklausa Dieva pavēlēm, dzīvnieki Debesīs, esot garīgas būtnes, gandrīz automātiski rīkojas tā, kā tas patīk viņu saimniekiem.

Debesīs ir daudz augu, ieskaitot dzīvības koku, augļu kokus un puķes. Augi uz šīs zemes saņem enerģiju caur saknēm un fotosintēzes ceļā. Taču Debesīs mūžīgie augi dzīvo bez fotosintēzes, bet pateicoties Dieva dāvātam spēkam. Augu saknes neapēd barojošās vielas. Tās vienkārši atpazīst katra auga īpatnības. Jo visiem augiem ir dažāda ziedu forma, aromats un augļi, lūk caur saknēm šī atšķirība arī tiek nodrošināta.

Augi Debesīs izdod savu unikālo stabilo un maigo aromātu. Tie var pakratīt zarus vai tos nolaist, lai nodotu kādu noteiktu domu. Tie māk kustēties, tā kā eņģeļi slavēšanas dejā. Tie spēj tāpat godināt Dievu, pastiprinot aromātu.

Lapas, ziedi vai augi nekad nenokrīt, lai cik laika būtu pagājis. To aromāts un krāsa vienmēr paliek nemainīga. Ja jūs noraujat ziedu, tad tā vietā tūdaļ izaug jauns. Tas pats attiecas uz augļiem. Norautās puķes nenovīst, bet saglabā savu svaigumu. Jūs tās varat uzglabāt, cik vēlaties. Bet, kad tās paliks jums nevajadzīgas, tās vienkārši izzudīs gaisā. Daži ziedi saberzti pulverī, izdala vēl spēcīgāku aromātu. Tādēļ jūs varat glabāt tās cik sagribēsies.

Visi augi ir ar savu paša unikālu smaržu. Tas var būt vai nu svaiguma, vai saldināts, maigs un izmeklēts aromāts. Katras Debesu mājvietas labajā aromātā ielikta noteikta jēga. Piemēram, rozes Paradīzē – tas ir tikai viens no daudzajiem puķu veidiem. Bet Jaunās Jeruzalemes rožu aromāts atspulgos šī mājokļa īpašnieka sirdi. Ja atnāks viesi, tad rozes priekš viņiem sāks izplatīt īpašu aromātu, lai izteiktu saimnieka sirds attieksmi. Rozes dažādās Jaunās Jeruzalemes mājās izplatīs dažādu smaržu.

Bez tam, dažas puķes aug tikai Jaunajā Jeruzalemē, un to nav citās dzīvesvietās. Jo tālāk no Jaunās Jeruzalemes un tuvāk Paradīzei, jo mazāk daudzveidīga puķu pasaule. Un arī brīvība personīgi izmantot puķes daudz ierobežotāka. Iespēja sēdēt zaļos zālājos un pašu zālāju krāsa arī nav vienāda un atkarājas no dzīvesvietas.

Viss Debesīs, ieskaitot augu un dzīvnieku pasauli, ir Dieva sagatavots priekš Saviem glābtajiem bērniem. Patiesajiem Dieva bērniem, kuri uz šīs zemes dzīvojuši tikai pēc Dieva gribas, Debesīs būs dots viss, ko vien viņi vēlēsies.

Kultūras dzīve Debesīs.

Dievs radījis daudz atpūtas vietu katrā Debesu dzīvesvietā, lai vēl vairāk iepriecinātu Savus bērnus un pienestu viņiem vairāk laimes. Tās ir nesalīdzināmāki lielākas par pašiem lielākajiem šīs zemes atrakciju parkiem. Un tajos tāpat daudz aizraujošu un izklaidējošu brīnumu.

Tā kā mums būs pilnīgs debesu ķermenis, mūs nekas nebaidīs. Jūs bez bailēm šūposieties pašās galvu reibinošajās atrakcijās, kas līdzīgas „amerikāņu kalniņiem.” Un tas ievedīs jūs pilnīgā sajūsmā. Izņemot parkus un atrakcijas tur ir daudz citu iespēju priekš tā, lai izklaidētos, atpūstos un saņemtu baudījumu. Debesīs, kā arī uz zemes, mums var būt aizraušanās, kuras pilnveido mūsu talantus kādā nozarē.

Mēs varam ar patiku nodarboties ar to, ko mums patika darīt uz šīs zemes. Vēl vairāk, ja mēs kādā lietā ierobežojām sevi uz zemes, lai vairāk kalpotu Dievam, tad Debesīs mēs to baudīsim pēc patikas. Mēs tāpat mācīsimies arī ko jaunu. Piemēram, mēs varam iemācīties spēlēt tādus mūzikas instrumentus kā vijole, flauta vai arfa. Debesīs visi būs gudri un talantīgi, tādēļ mēs varēsim ļoti ātri iemācīties spēlēt uz mūzikas instrumentiem.

No sporta nodarbībām Debesīs ir izslēgtas spēles, kuras

var radīt traumu, vai kādu citu kaitējumu apkārtējiem. Tur katrai sporta spēlei arī būs savi noteikti likumi. Mēs varam noformēt sporta komandu, piemēram, volejbola, basketbola, futbola vai beisbola. Tur mēs varēsim nodarboties arī ar vairāk individuāliem sporta veidiem, kā teniss, slēpošana, golfa spēle, ķegļi vai peldēšana. Mēs varēsim baudīt arī tādus sporta veidus kā deltaplanierisms, sērfings vai burāšana. Sporta ierīces un aprīkojums Debesīs izslēdz traumas, bet, lai vēl vairāk iepriecinātu tos, kas viņus lieto, tie izgreznoti ar zeltu un dārgakmeņiem.

Debesis – tā ir ne tikai vieta, kur jūs saņemsiet apmierinājumu, uzvarot sacīkstēs. Baudījumu un gandarījumu jums dos pats piedalīšanās fakts sporta spēlēs. Jūs varat jautāt: kāda jēga, tad piedalīties spēlē, ja tajā nebūs uzvarētāju? Bet tā kā Debesīs nav ļaunuma, tad ļaudīm vairāk gandarījumu dos citus iepriecināt, kā uzvarēt kādā spēlē.

Protams, ka ir spēles, no kurām var saņemt gandarījumu sacenšoties, lai iepriecinātu cits citu. Piemēram, ļaudis var izelpot puķu aromātu citu klātbūtnē, pieliekot pie tā visas pūles, uz kurām viņi tikai ir spējīgi. Un atzīmes tiks piešķirtas atkarībā no tā, cik jūs esat patikuši Dievam, izelpojot aromātu, vai, cik labi jums izdevies saskaņot dažādus aromātus. Šo sacensību būtība ir tajā, lai sagādātu iepriecu citiem ļaudīm un tas ir slavējami Dieva acīs. Debesīs ir tāpat daudzums citu aizraujošāku par zemes izklaidēm. Atšķirībā no datorspēlēm vai videospēlēm, no tām nerodas noguruma sajūta un tās nekad neapnīk.

Debesīs jūs tāpat varēsiet skatīties filmas. Kinoteātros jūs ieraudzīsiet pašus monumentālākos notikumus, kas notikuši cilvēces veidošanas gaitā. Pasaules radīšanu, Noasa plūdus, Iziešanu no Ēģiptes, Jēzus kalpošanu, Krustā piesišanu, ugunīgos Svētā Gara darbus beigu laikos un katra ticības tēva dzīves vēsturi – tādi būs filmu sižeti.

Vai, piemēram, jūs varat apskatīties filmu, kurā parādīta visa apustuļa Pāvila dzīve. Jūs redzēsiet, kā viņš satika Kungu un, kā ar mīlestību veltīja visu savu dzīvi Kungam. Jūs uzzināsiet detaļas, kuras nav aprakstītas Bībelē. Jums tā atklāsies Pāvila dzīve, it kā jūs būtu bijuši kopā ar viņu, kad viņš bija pakļauts nežēlīgām vajāšanām, ko pārciest bija ārpus cilvēka spēkiem. Jūs varat kopā ar viņu izjust, kā bija būt ieslodzītam Fīlipās un pateikties un slavēt Dievu, nokļūstot kuģa avārijā. Tas būs aizraujošs pārdzīvojums!

Transports Debesīs.

Mēs varam apmeklēt noslēpumainas un brīnišķas vietas Debesu Valstī. Lai kur mēs nedotos, mēs ieraudzīsim unikālus, elpu aizraujošus skatus. Ar pilnīgo debesu ķermeni mēs nepiekusīsim pat pēc gara ceļojuma. Garīgā sirds paliek vienmēr nemainīga, tā, ka mums nekad nebūs garlaicīgi, pat, ja mēs apmeklēsim vienas un tās pašas vietas.

Debesīs varēs ceļot ar dažādu transporta līdzekļu palīdzību. Ir sabiedriskā transporta veidi, kā piemēram, vilciens. Tāpat eksistē arī individuālie transporta veidi, tādi, kā mākoņu automobiļi vai zelta karietes. Debesu vilciens greznots mirdzošiem dārgakmeņiem, un tajā radītas visas ērtības priekš pasažieriem. No vilciena loga pasažierim atklājas patiesi apbrīnojami skati. Kad ticīgie no Paradīzes būs aicināti apmeklēt Jauno Jeruzalemi, viņi brauks debesu vilcienā. Tas īstenībā var lidot pa debesīm ar ļoti lielu ātrumu.

Un ir vēl mākoņu automobiļi, kuri veidoti ne no parastiem mākoņiem, bet no slavas mākoņa. Un tie ienes savu jaukumu Debesu dzīvē. Kad jūs izbraucat mākoņa automobilī, tad, tas jau pats par sevi runā par jūsu priekšrocībām un autoritāti. Otrā Kunga atnākšana notiks uz mākoņa (1. vēst Tesaloniķiešiem, 4:16-17; Atklāsmes 1:7). Parādīšanās uz slavas mākoņa izskatās sevišķi vareni, godājami un skaisti.

Dievs dāvina mākoņu automobiļus tiem, kas ieies Trešajā Debesu Valstībā un augstāk. Trešajā Debesu Valstībā tādi automobiļi paredzēti kopējai lietošanai, bet Jaunajā Jeruzalemē tie tiek doti privātai lietošanai. Tajā ziņā, mākoņa automobiļa esamība īpašumā pati par sevi norāda uz tā īpašnieka augstu pagodinājuma līmeni.

Tie, kas nokļūst Jaunajā Jeruzalemē, var tāpat doties ceļojumā ar Kungu mākoņu automobiļos. Mākoņu automobiļus kā likums vada eņģeļi. Dažas no mašīnām – tie ir viegli, nelieli automobiļi, citi – lielāki, un tajos daudz pasažieru vietu. Tiem ir dažāda veida dizains, krāsa un noformējums. Ir tāpat automobiļi darināti no neliela mākoņa gabaliņa. Un tie paredzēti īsām distancēm. Tie, tāpat kā golfa – automobiļi, golfa laukumā paņem pasažieri un rūpīgi izsēdina viņu paredzētajā vietā.

Dievkalpojumi un apmācība Debesīs.

Debesīs mēs tāpat apmeklēsim dievkalpojumus. Sludinās pats Dievs. Mums stāv priekšā mācīties par garīgo pasauli detalizēti, ieskaitot Dieva sākotnējo būtību, laiku sākumu un mūžību. Mums stāv priekšā tāpat iespēja kalpot Kungam. Bez tam, Debesīs mēs sarunāsimies ar Dievu, Kungu un Svēto Garu; un tā būs mūsu lūgšana. Mēs tāpat godināsim Dievu ar jaunām dziesmām.

Ja Debesīs radīsies nepieciešamība apmeklēt dzīvesvietu ar augstāku līmeni, jums vajadzēs nomainīt apģērbu uz to, kāds atbilst tai dzīvesvietai, kurp jūs ejat. Dievkalpojumi, kuri notiek Jaunajā Jeruzalemē būs translēti visur, tā ka visi Debesu iemītnieki varēs tajos piedalīties. Eņģeļi atritinās kaut ko līdzīgu milzīgam audeklam, kurš kalpos kā videoekrāns. Gaismas un krāsu regulējums notiek automātiski priekš katras no mājvietām, lai visi varētu ieraudzīt dzīvo translāciju un sajust it kā viņi patiesībā atrodas tur, kur notiek šie notikumi.

Spožumam jābūt regulētam pie katras mājvietas, jo, ja pārraidītu Dieva gaismu tādu, kāda tā ir realitātē, tad tie, kas atrodas Trešajā Debesu Valstībā un zemāk, nevarētu skatīties uz Viņu, dēļ Viņa nepanesamā spožuma. Tie, kas atrodas Otrajā Valstībā un zemāk, nevarēs pat pacelt galvas, lai paskatītos uz ekrānu Dieva Tēva sejā, tādēļ ka viņu sirdsapziņa viņiem to neļaus.

Tas īpaši attiecas uz Paradīzes iemītniekiem, kuri tik tikko saņēmuši glābšanu. Viņi nevarēs pat paskatīties uz videoekrānu no samulsuma un kauna jūtām. Papildus dievkalpojumiem, kuros sludina Dievs, varēs uzaicināt Kungu, Svēto Garu vai ticības tēvus, piemēram, Mozu un Pāvilu, lai viņi arī dalītos ar savu vārdu dievkalpojumos.

Mēs turpināsim iepazīt jauno pat pēc tam, kad nokļūsim Debesīs. Debesu Valsts bezgalīga, un tādēļ, lai cik mēs nemācītos, mēs nekad nespēsim iepazīt līdz galam mūžīgo Dievu Radītāju, Kurš eksistēja līdz mūžībai un eksistēs mūžīgi. Grūti pilnā mērā saprast Dieva bezgalīgo dziļumu, Kurš pārvalda visu visumā. Mēs sajutīsim, ka Debesis pārpildītas ar to, ko mums nepieciešams iepazīt. Bet apmācības Debesīs, atšķirībā no mācībām uz zemes mums sagādās tikai prieku. Mēs sapratīsim visu, ko mums mācīs. Un kā tikai mēs kaut ko sapratīsim, mēs nekad to neaizmirsīsim, tādēļ nekādu grūtību mācībās mums nebūs. Bez tam, mēs ne tikai vienkārši klausīsimies lekcijas. Mūsu programmas būs trīsdimensiju no kā mums būs viegli apgūt materiālu.

Iedomājieties, sākotnējo Dieva balsi, kura skan pa visu visumu: „Lai top gaisma," un parādās gaisma, un gaisma sadalās, un viss tas notiek tieši mūsu acu priekšā! Un vēl iedomājaties, ka jūs varēsiet ieraudzīt, kā veidojās debesu velve un atdalījās ūdens, kas bija virs debesjuma un, kas zem debesjuma. Cik tas būs grandiozi un vareni.

Dažādie debesu mielasti.

Debesu mielastu daudzveidību var uzskatīt par Debesu dzīves prieku kulmināciju. Tie ļaus mums uzreiz sajust visu pārpilnību, brīvību, skaistumu un diženumu, kas piemīt Debesīm. Svinībās dalībnieki skatīsies speciālus priekšnesumus, vai dejos ar miļotajiem savos pašos brīnišķīgākajos tērpos un rotaslietās. Pat, ja jūs nebijāt labs dejotājs uz zemes, jūs varēsiet ātri iemācīties brīnišķīgi dejot Debesīs.

Pat uz šī zemes cilvēks, piepildījies ar Svēto Garu var sasniegt stāvokli, pie kura viņš sāks runāt jaunās mēlēs un dziedās jaunas dziesmas. Viņa rokas sāks pašas par sevi kustēties mūzikas taktī, un viņš sāks dejot un slavēt Dievu. Debesīs, esot ar pilnīgu debesu ķermeni, katrs varēs lieliski dejot pie jebkuras mūzikas. Cilvēks būs spējīgs dot Dievam godu, veltījot Viņam savu deju.

Debesīs notiek dažādas svinības, un katrā no Debesu mājvietām tās atšķiras gan ar vērienu, gan līmeni. Jaunajā Jeruzalemē notiek svinības par godu Dieva Trīsvienībai, vai attiecīgi par godu Dievam Tēvam, Dievam Dēlam un Svētajam Garam. Visu Debesu mājvietu iedzīvotāji reizēm būs ielūgti, lai piedalītos svinībās par godu Dieva Trīsvienībai.

Piemēram, pēc Tiesas Lielā Baltā Troņa priekšā mums būs iedalīti mājokļi Debesīs, un pēc tam notiks pirmais mielasts. Jaunajā Jeruzalemē Dievs uzaicinās uz to visus Debesu Valsts pilsoņus. Šo mielastu varēs apmeklēt visi Jaunās Jeruzalemes un Trešās Debesu Valstības iedzīvotāji, bet no Otras Valstības, Pirmās Valstības un Paradīzes banketā varēs piedalīties tikai to pārstāvji.

Kad uz svinībām Jaunajā Jeruzalemē atnāks ļaudis no citām mājvietām, viņiem vajadzēs nomainīt savas drēbes un rotājumus uz tādiem, kādus pieņemts nēsāt Jaunajā Jeruzalemē. Tas izskaidrojams ar to, ka debesu ķermeņu gaisma dažādās mājvietās atšķirīga. Kā tikai viņi ietērpsies tādās drēbēs, kuras pienākas nēsāt Jaunajā Jeruzalemē, viņi varēs adaptēties un pielāgoties pie tās vietas, kur notiek svinības.

Ir speciāli paredzētas vietas, kur ļaudis var pārģērbties. Viņiem sagatavoti daudz dažādi apģērbi. Eņģeļi palīdz viņiem nomainīt drēbes pēc to izvēles. Tomēr Paradīzes pārstāvjiem nāksies pārģērbties pašiem, bez eņģeļu palīdzības. Kad viņi uzģērbs mirdzošās Jaunās Jeruzalemes drēbes viņi pārmainīsies, pateicoties to neiedomājamam krāšņumam un sajutīsies necienīgi, tādēļ ka nav nopelnījuši privilēģijas nēsāt šīs drēbes.

Atšķirībā no drēbēm, vainagi priekš Jaunās Jeruzalemes viesiem netiek gatavoti iepriekš. Katrs atnes savus personīgos. Vainagi Trešajā Debesu Valstībā atšķiras no tiem, kas Jaunajā Jeruzalemē: uz tiem neliela apaļa zīme no vainaga labās puses. Otrās Debesu Valstības, pirmās Debesu Valstības un Paradīzes iemītniekiem ir apaļa simboliska zīme uz kreisās krūšu puses, lai vieglāk būtu viņus atšķirt no tiem, kas dzīvo Jaunajā Jeruzalemē vai Trešajā Debesu Valstībā. Tie, kas no Otrās vai Pirmās Debesu Valstības, uzliek savus vainagus, lai ietu uz mielastu, bet Paradīzes iemītnieki neliek vainagus, jo viņiem to nav.

Mielasti dažādās mājvietās.

Parasti eņģeļi rūpējas par mielastu izgreznošanu, viesu pavadīšanu, ēdiena pagatavošanu un citām lietām debesu svinību sagatavošanā. Tieši tāpat kā lidmašīnās ir dažādas klases pasažieru apkalpošanā, arī katrā no Debesu mājvietām dažādi notiek visa sagatavošanās, lai novadītu svinības.

Ja salīdzinātu mielastus Jaunajā Jeruzalemē ar svinībām, kuras rīko karaliska ģimene, tad svinības Paradīzē būs līdzīgas vakariņām, kad nabadzīgi zemnieki uzaicina savus kaimiņus. Bet tā ir tikai alegorija, un tas nenozīmē, ka svinības Paradīzē – kaut kas nabadzīgs vai slikti sagatavots. Vienkārši starp mielastiem Jaunajā Jeruzalemē un tiem, kas tiek rīkoti Paradīzē ir milzīga atšķirība.

Paradīzē nav personīgu banketu. Svinības atvērtas vai nu priekš visiem, kas vēlas, vai priekš kādas noteiktas ļaužu grupas. Tur nav apkalpojošo eņģeļu, tādēļ ļaudīm visu jādara pašiem. Bet pat Paradīzē, kur nav ļaunuma, bet ir tikai labestība un mīlestība, katrs gatavosies svinībām ar prieku un laimi. Visi kalpo cits citam ar laipnību un uzmanību, tādēļ saņem maksimālo apmierinājumu no mielasta. Īstenībā tādu laimi neviens un nekad nav baudījis pat pašos greznākajos svētkos šajā pasaulē. Tad, kāds gan prieks un svētlaime kļūs mielasti Jaunajā Jeruzalemē!

Priekšnesumi.

Tāpat kā arī svētku svinībās, kas notiek uz šīs zemes, dziesmas un dejas ir neatņemama debesu svinību sastāvdaļa. Brīnišķīgi eņģeļi dejo ar eleganci, spēlē uz mūzikas instrumentiem un dzied dziesmas. Kopā ar eņģeļiem slavē Dievu un spēlē uz mūzikas instrumentiem arī cilvēki. Slavēšanas dziesmas, dejas un mūzikas instrumentu spēle eņģeļu izpildījumā skan nevainojami brīnišķi un meistarīgi. Bet ir godināšana, kura Dievam dod lielāku apmierinājumu kā eņģeļi. Tās ir slavēšanas dziesmas, dejas un mūzikas instrumentu spēles, ko izpilda Dieva bērni, tādēļ ka viņi to dara aiz mīlestības pret Viņu, saprotot Viņa sirdi.

Jaunajā Jeruzalemē ir tāpat speciālas koncertzāles. Tās ir gigantiskas, greznas zāles, lielākas un brīnišķīgākas kā „Medisona Skvēra Parks" Ņujorkā, vai operas teātris Sidnejā. Tajos pastāvīgi notiek priekšnesumi. Tie notiek ne tādēļ, lai aktieris varētu parādīt savu meistarību. Tie notiek tikai ar mērķi dot godu Dievam un iepriecināt Kungu un cilvēkus.

Izpildītāji, kā likums ir tie, kas bija dziedātāji vai muzikanti uz zemes un reizēm viņi atkārto to, ko darīja uz zemes. Un bez tam ir ļaudis, kuri dzīvojot uz zemes, gribēja uzstāties uz skatuves, bet nevarēja un viņi iemācījušies slavēšanas dziesmas un dejas, sāka izpildīt tās Debesīs.

Atkarībā no tā, cik izpildītāji sasnieguši svēttapšanu, viņi var piedalīties priekšnesumos, vai Jaunajā Jeruzalemē, vai Trešajā Debesu Valstībā, Otrajā vai Pirmajā Debesu Valstībā. Dziedātāji, dejotāji vai mūziķi Jaunajā Jeruzalemē – tie ir augstākās klases izpildītāji, kurus mīl visi ļaudis Debesīs. Katrs Debesu iemītnieks var redzēt viņu uzstāšanos, tādēļ ka visas svinības un priekšnesumi, kas notiek Jaunajā Jeruzalemē Dieva Trīsvienības godam, tiešraidē tiek pārraidītas uz visām mājvietām Debesīs.

Videoekrāns būs atritināts gaisā pašā labākajā acīm augstumā, lai skatoties dzīvo video rastos klātbūtnes sajūta notikumos. Pateicoties tam, visu Debesu mājvietu iedzīvotāji kļūs banketu un priekšnesumu, kas notiek Jaunajā Jeruzalemē, līdzdalībnieki. Uz šīs zemes parasti slavenībām seko to pielūdzēji; tāpat arī Debesīs ir eņģeļi, kuri pavada ļaudis un nes atbildību par to, lai viņi būtu pagodināti. Viņi sauc katru no tiem par „kungu" un cenšas sagādāt saviem saimniekiem laimi un prieku.

Izjūtot daudzu eņģeļu mīlestību un dievināšanu.

Ir Jaunajā Jeruzalemē sieviete, kura saņem neticamu pagodinājumu, aiz kuras seko liels daudzums eņģeļu. Uz zemes viņa izkopa pilnīgu garīgo sirdi. Tā – Marija Magdalēna. Viņa valkā mirdzošas drēbes, kas ir līdz grīdai. Viņas matu garums līdz viduklim. Ar vainagu galvā, viņa apžilbinoši brīnišķa. Marija Magdalēna, dzīvojot uz šīs zemes izkopa sevī pilnīgu svētumu, un viņas garīgais veidols mirdz spožā slavas gaismā. Viņas balss, līdzinās avota čalošanai, pilna lēnprātības un maiguma. Kad viņa runā izplatās laba smarža no viņas lēnprātības un labestības, bet viņas vārdi savaldzina visus eņģeļus un cilvēkus. Tādēļ reizēm eņģeļi sapulcējas ap Mariju Magdalēnu un izrāda pagodinājumu ar himnām viņas labestības nimbam.

Viņas stāvoklis ir tik godājams, ka viņa var redzēt Dievu vienmēr, tādēļ cilvēks skatoties uz viņu, var just Dieva sirds lielumu un slavas gaismu. Un tā, kādēļ tad Marija Magdalēna ieņem tādu godājamu stāvokli?

Satiekot Kungu, Marija Magdalēna bija dziedināta no daudzām slimībām un atbrīvota no tumsas varas. Viņa vienmēr palika pateicīga Kungam par Viņa žēlastību un kalpoja Viņam ar nemainīgu uzticību. Kad Jēzus bija piesists krustā, daudzi no tiem, kas Viņam sekoja iepriekš, Viņu atstāja. Bet viņas sirds bija tik uzticīga, ka viņa palika ar Jēzu līdz pašai nāvei. Viņa pat pirmā atnāca pie Viņa kapa. Un beigu rezultātā viņa nokļuva Dieva Troņa tuvumā Jaunajā Jeruzalemē.

Dievs grib dalīt Savu mūžīgo mīlestību ar Saviem patiesajiem bērniem un dzirdēt to slavēšanu, kas izkopuši sevī tādu pat labu sirdi, kā Marijai Magdalēnai.

Pravieša Jesajas grām. 43-21, teikts: „Šī tauta, ko es esmu sev izredzējis, lai pauž Manu slavu!" Ne vienkārši skaista balss, brīnišķa horeogrāfija vai apbrīnojams mūzikas instrumentu skaņas patīkamas Dievam. Viņš vēlas slavēšanu, kas nāk no uzticamas un labestīgas sirds. Dievs reizēm arī dzied. Brīnišķīgā dziesmā Viņš dzied par brīnumainajiem darbiem, kurus veica Viņa Vienīgais un Vienpiedzimušais Dēls Jēzus un par neparastajiem Svētā Gara darbiem.

Neviens nevarēs dziedāt ar tādu, kā Viņam balsi. Viņa balss ir tik brīnišķa, ka savaldzina katru, kas kaut reizi to dzirdējis. Pie tam Viņa balss ir tik skaļa, ka var satricināt visu pasauli, tomēr Debesīs ne katrs var to dzirdēt. Tā dzirdama tikai tiem, kas tuvu

Dieva Tronim Jaunajā Jeruzalemē. Tādēļ tik svarīgi sasniegt pilna gara līmeni, slavēt Dievu mūžīgajā Debesu Valstī un ieņemt cienīgu stāvokli, kurš ļaus mums dzirdēt, kā dzied Dievs.

Pārvarot ierobežotās cilvēka iespējas

Aptvert Dieva telpu.

Redzēt Dievu, Kas ir Gaisma.

„Patiesi, patiesi Es jums saku: Kas Man tic tas arī tos darbus darīs, ko Es daru un vēl lielākus par tiem darīs, jo es noeju pie Tēva" (Jāņa Evaņģēlijs 14:12).

1. nodaļa
Dieva telpa

Atšķirībā no fiziskās telpas, Dieva telpa – bezgalīga. Kā tikai mēs kļūsim par patiesiem Dieva bērniem, mēs spēsim pārvarēt ierobežotās cilvēciskās iespējas ar neierobežotā Dieva spēka palīdzību. Dieva telpā viss, ko vēlas var tikt radīts no nekā, mirušie var augšāmcelties un notiks viss tas, ko Dievs tur Savā sirdī. Šajā telpā nav nekā neiespējama.

1. Apgūt Dieva telpu.

2. Dieva telpā notiek radīšanas darbi.

3. Darbi, kas pārvar laiku un attālumu.

4. Pārvietošanās garīgajā telpā.

5. Mīlestība, kura augstāka par taisnīgumu.

Telpa – tas laika ilgums vai virsmas vai apjoma paplašināšanās. To tāpat var attiecināt arī uz bezgalīgo trīsdimensiju visuma izplatību – vietu, kur eksistē visa matērija. Zināma arī virtuālā telpa, datoru radītā. Tā pieejama jebkuram cilvēkam, bet ļaudis to lieto dažādi, atkarībā no viņu datora zināšanu līmeņa. Tieši tāpat tādā mērā, kādā mēs esam iepazinuši un izmēģinājuši Dieva telpu, mēs varēsim pievienoties Dieva telpai un piedzīvot brīnumus, kas aprakstīti Bībelē.

Garīgā telpa atrodas ne kaut kur tur, visuma beigās. Tā ir ļoti tuvu mūsu fiziskajai telpai. Ja vārti uz garīgo pasauli atvērti, tad mēs varam tāpat redzēt garīgo pasauli, kā redzam ainavu no mūsu mājas loga.

Bībelē mēs varam izlasīt par to, kā augšāmcēlušais Kungs pacēlās uz Debesīm daudzu mācekļu acu priekšā. Apustuļu darbos 1:9, teikts: „To sacījis, Viņš tiem redzot, tika pacelts, un padebess Viņu uzņēma prom no viņu acīm." Jēzus pacēlās uz Debesīm caur garīgo telpu, atvērtu mākoņu formēšanās augstumā. Ja mums ir skaidrība garīgās telpas saprašanā, tad mēs varēsim saprast daudzus grūtus Bībeles fragmentus. Un tāpat varēsim iegūt pilnīgu ticību un cerību uz Debesīm.

Liekas, ka ļaudīm nav citas izvēles, izņemot dzīvi, ierobežotu laikā un telpā. Bet mēs varam pārvarēt šos ierobežojumus, ja kļūsim patiesi Dieva bērni. Ļaunie gari nevarēs pat pieskarties mums. Beigu rezultātā mēs ieiesim Debesu Valstī, kas izvietota trešajās debesīs, kurā nevarēja dzīvot pat Ādams, kas bija dzīva dvēsele, tas ir dzīvs gars. Un bez tam, jūs sajutīsiet neierobežoto Dieva spēku, tas ir ceturtās debesis. „Bet, ka jūs esat bērni, to ir Dievs apliecinājis, sūtīdams Sava Dēla Garu jūsu sirdīs, kas sauc: Aba, Tēvs! Tātad tu vairs neesi kalps, bet bērns, bet, ja bērns, tad arī caur Dievu mantinieks," (Vēst. Galatiešiem 4:6-7).

Telpa un dimensijas no Dieva pozīcijas.

Kā jau bija teikts pirmajā daļā zem virsraksta „Plašā garīgās pasaules telpa," pēc tā, kad Dievs ieplānoja cilvēces veidošanu, Viņš sadalīja vienu sākotnējo telpu dažādās vairākās dimensijās. Iesākuma telpu Dievs sadalīja četrās debesīs, sākot no pirmās un līdz ceturtajām debesīm. Pirmās debesis – tā ir tikai maza daļa salīdzinot ar iesākuma telpu. Kad Dievs radīja dažādās telpas dažādās dimensijās, Viņš dibināja tās atbilstoši likumam, pēc kura augstākstāvošās dimensijas var pārvaldīt zemākstāvošās dimensijas, kuras savukārt spiestas pakļauties augstākstāvošām dimensijām.

Pirmās debesis – tas ir fiziskais visums, ieskaitot Zemi, Sauli,

Mēnesi un visas mums redzamās zvaigznes, un kura attiecas uz pirmo dimensiju. Tā – fiziskā pasaule, tādēļ tajā viss mainās, noveco un nomirst. Otro debesu telpa atrodas otrajā dimensijā. Otrās debesis sadalītas galvenokārt divās zonās – gaismas un tumsas. Gaismas teritorijā – Ēdene, kur izvietots Ēdenes dārzs. Pie Ēdenes blakus atrodas tumsas zona, kur gaisā valda ļaunie gari.

Trešā dimensija – tā ir Debesu Valsts, trešās debesis. Šeit mūžīgi dzīvos izglābtie Dieva bērni. Priekš viņiem sagatavotas dažādas mājvietas, kuras atkarīgas no viņu ticības mēra. Debesu Valsts centrā – Jaunā Jeruzaleme, kur izvietots Dieva Tronis. Ceturtā dimensija – tās ir ceturtās debesis, telpa, kurā eksistēja iesākuma Dievs, kā Gaisma un Balss. Tās ir ceturtās debesis, no kurienes Dievs Trīsvienība pārvalda visu – trešajās, otrajās un pirmajās debesīs parādot radīšanas darbus, kuri pārvar laiku un telpu.

Šī noslēpumainā četrdimensiju telpa ir Dieva plašumi. Tā ir apbrīnojama skaistuma vieta, kur mājoja iesākuma Dievs. Neviens nevar tur ieiet, izņemot Trīsvienīgo Dievu un dažas personas, kurām ir speciāla Dieva dota atļauja.

Dieva telpa – tā ir bezgalīga teritorija, uz kuras Dievs var darīt tā, lai izzustu eksistējošās lietas, un radītu vienalga ko no nekā. Substances tur eksistē šķidruma, gāzes un cietu vielu veidā. Tikai tie, kas ir ar pienācīgu sagatavošanos, var ieiet šajā zonā. Bet tagad iepazīsimies ar šo noslēpumaino un brīnumaino Dieva telpu.

Dieva sirds – tā ir Dieva telpa.

Telpa, kurā Dievs eksistēja līdz laika sākumam, - tā ir garīga telpa, mūsu acīm nesaredzama. Tā bija viena milzīga teritorija, un tajā laikā garīgā pasaule un fiziskā pasaule vēl nebija sadalītas. Dievs eksistēja brīnišķas mirdzošas gaismas ar melodisku balsi veidā. Viņš izplatījās pa visu visumu, valdot pār visu pilnīgā vientulībā.

Dievs Esošais turēja Savā sirdī visu visumu. Citiem vārdiem, Viņa sirdī ietilpa visa visuma telpa. Atļaujat man minēt piemēru, lai būtu vieglāk saprast, ko nozīmē „turēt visumu sirdī." Ja jūs atcerēsieties savu dzimto pilsētu, tad varat stādīties sev priekšā, kā tā izskatās. Vai, ja jūs padomāsiet par kādu, ko jūs mīlat un nodosieties atmiņām par to laiku, kad jūs bijāt ar šo cilvēku, tad neviļus jūsu domas jau būs tajā vietā, kur jūs bijāt ar viņu.

Kas attiecas uz Dievu, tad Viņš var būt klātesošs jebkurā visuma punktā, pārvarot laiku un attālumu. Viņš vienkārši tur to Savā sirdī. Mēs, sakot, ka Dievs ir Visur klātesošs, domājam par šo viņa īpašību. Pateicoties tam, ka Viņš Visuresošs, Viņš var turēt katru visuma stūrīti Sevī un valdīt pār visu.

68:33-34, Psalmā, teikts: „... kas brauc pa debesu debesīm, Kas ir no pasaules sākuma! Redzi, pērkona dārdos Viņš vareni liek atskanēt Savai balsij." Vārdi, „brauc pa debesu debesīm" nozīmē, ka Dievs pilnībā valda pār visām telpām – no pirmajām un līdz ceturtajām debesīm. Tur teikts par Viņa balss spēku, bet tas nav saklausāms mūsu dzirdei. Kad Dievs runā savā Radītāja sākuma balsī, tad viss visumā pakļaujas Viņam, un Viņa vara un varenums satricina visumu.

1. Apgūt Dieva telpu.

Dievs vēlas, lai Viņa iemīļotie bērni apgūtu Dieva teritoriju un valdītu pār visām citām telpām. Bet, lai apgūtu Dieva telpu, jāievēro mīlestības un taisnības likumi, ko Dievs noteicis, veidojot cilvēci. Tie ir obligāti nosacījumi. Taisnīgums – tas ir likums un noteikumi. Līdzīgi tam, kā ir daudz likumu, kas regulē sabiedrības dzīvi, un Satiksmes noteikumu likumi, ir arī Dieva Likums, un tajā ir Dieva taisnīgums.

Ko nozīmē apgūt telpu? Tas nozīmē pilnībā pieņemt šo telpu savā sirdī. Protams, ietvert savā sirdī Dieva telpu nenozīmē, ka mēs būsim tik pat visuresoši kā Dievs. Tas tikai nozīmē, ka fiziskajā pasaulē var notikt neparastas lietas, ja uz to nonāks Dieva telpa.

Dievs sadalījis telpas; Viņš izdarīja to sekojot taisnīguma un mīlestības principiem, kas atbilst katrai telpai. Pēc tā mēra, kā mēs paceļamies uz augstāku dimensiju – no pirmās līdz otrajām, trešajām un ceturtajām debesīm, taisnības dimensija kļūst plašāka un dziļāka. Katra no debesīm ir saturēta ideālā kārtībā. Visas telpas atrodas dažādās taisnīguma mēru dimensijās, tādēļ ka katra no debesīm atrodas atšķirīgā mīlestības dimensijā. Mīlestību un taisnīgumu neiespējami atdalīt. Jo dziļāka kļūst mīlestības dimensija, jo attiecīgi dziļāka taisnīguma dimensija.

Kad Jēzus piedeva sievietei izdarīto laulības pārkāpumu, Viņš parādīja mīlestības piemēru, kas pārāka par tiesu (Jāņa 8). Kad sievieti apsūdzēja laulības pārkāpšanā, ļaudis kuri tiesāja pēc pirmo debesu taisnīguma, apgalvoja, ka viņiem nekavējoši tā jānomētā ar akmeņiem. Bet Jēzus, Kurā bija ceturto debesu taisnīgums, teica: „Es tevi nepazudinu, ej un negrēko vairs" (Jāņa 8:11). Šajā taisnīgumā ir patiesa mīlestība.

Mēs varam apgūt Dieva telpu un brīvi pārvietoties no telpas uz telpu tikai tad, kad mūsos pilnā mērā ir klātesoša Dieva mīlestība un taisnība. Tad mēs mācēsim saprast garīgo pasauli un redzēt visu, kas notiek šajā fiziskajā pasaulē. Jēzus, esot pavisam bez grēkiem, nomira pie krusta grēcinieku vietā. Tā kā Viņā bija mīlestība, kas pārāka par taisnīgumu, tad Jēzus varēja parādīt brīnumainus Dieva spēka darbus. Viņš varēja, piemēram, izdziedināt no nāvi nesošām slimībām un apturēt vēju un viļņus. Viņš bija spējīgs tāpat lasīt to ļaužu domas un vēlmes, kas pieder pirmajai dimensijai.

Tie, kas pieder pie pirmās dimensijas, saistīti ar ierobežojumiem fiziskajā telpā. Bet pieņemot Jēzu Kristu un piedzimstot no jauna, no Svētā Gara, mēs varam atbrīvoties no šiem ierobežojumiem tādā mērā, kādā mēs esam pilnveidojuši mūsu sirdi par garīgu sirdi. Ja mēs kļūsim gara ļaudis un pilna gara ļaudis, kuri pieder pie trešās dimensijas garīgās pasaules, tad

132

ienaidnieks, velns un sātans, kurš mājo otrajā dimensijā, baidīsies no mums, kaut arī mēs fiziski atrodamies pirmajā dimensijā.

1. Mozus 1:28, teikts: „Un Dievs tos svētīja un sacīja uz tiem: „Augļojieties un vairojieties! Piepildiet zemi un pakļaujiet sev to, un valdiet pār zivīm jūrā un putniem gaisā un katru dzīvu radījumu, kas rāpo pa zemi." Ādams bija dzīvs gars. Esot garīga būtne, viņš dzīvoja otrajās debesīs un varēja valdīt pār visu, kas attiecas uz pirmajām debesīm.

Tieši tāpat arī mēs, iepazinuši Dieva taisnību un mīlestību, kuras attiecas uz ceturtajām debesīm, varam parādīt Dieva spēku, kas ir piederošs ceturtajām debesīm un pārsniedz cilvēcisko iespēju ierobežojumus. Lūk, kādēļ Jēzus Jāņa Evaņģēlijā 14:12, apsolīja: „Patiesi, patiesi Es jums saku: kas Man tic, tas arī tos darbus darīs, ko Es daru, un vēl lielākus par tiem darīs, jo Es noeju pie Tēva."

2. Dieva telpā notiek radīšanas darbi.

Dieva telpā mēs varam sasniegt visu atbilstoši mūsu vēlmēm. Vispirms tajā notiks radīšanas darbi. Radīšanas darbus Dievs darīja, kad radīja Debesis, zemi un visu, kas tajā. Jēzus pārvaldot Dieva telpu, arī darīja radīšanas darbus. Viens no tā labākajiem piemēriem ir pirmais brīnums, ar kuru Viņš sāka Savu kalpošanu, un tas – ūdens pārvēršana vīnā.

Kāzās, kurās Viņš piedalījās, beidzās vīns. Un Jaunava Marija, pažēlojot saimnieku, paprasīja Jēzu palīdzēt viņam. Sākumā šķita, ka Viņš noraidīs Marijas lūgumu. Bet Marija neapvainojās un nešaubījās ticībā, Viņa brīnišķi zināja, Kas bija Jēzus un priekš Viņa tas nav nekas pārvērst ūdeni par vīnu. Marija ticēja, ka jau saņēmusi atbildi no Jēzus un tādēļ teica kalpiem darīt visu, ko Jēzus teiks.

Jēzus, redzot Marijas ticību, teica kalpiem piepildīt traukus ar ūdeni. Kad kalpi piepildīja ar ūdeni sešus akmens ūdenstraukus, Jēzus lika viņiem: „...smeliet un nesiet galda uzraugam!” Kad galda uzraugs pagaršoja, tad izrādījās, ka ūdens pārvērties vīnā. Tikai pieņemot Marijas lūgumu ar sirdi, Jēzus pārvērta ūdeni sešos ūdenstraukos teicamā vīnā.

Dieva telpā tamlīdzīgi radīšanas darbi var notikt, ja tos vienkārši tur sirdī. Protams, ka Jēzus parādīja līdzīgas radīšanas lietas, kad tikai tas bija pieļaujams pēc Dieva taisnības, bet ne jebkurā laikā. Šis brīnums kļuva iespējams, tādēļ ka Marijas pilnīgā ticība apmierināja Dieva taisnīguma kritērijus.

Jēzus paēdināja cilvēku tūkstošus ar piecām maizēm un divām zivīm, bet citu reizi – ar septiņām maizēm un divām zivīm. Kādi Dieva taisnības principi atbilst šī brīnuma paveikšanai? „Un Jēzus pieaicinājis Savus mācekļus, sacīja tiem: „Mana sirds iežēlojas par šiem ļaudīm, jo tie jau trīs dienas pie Manis palikuši, un tiem nav ko ēst. Es negribu tos neēdušus atlaist, ka tie ceļā nenonīkst,” (Mateja 15:32).

Tūkstošiem ļaužu atradās ar Jēzu trīs dienas pēc kārtas, dedzīgā vēlmē dzirdēt, kā Viņš sludināja. Viņi klausījās Jēzu, un visi kopā priecājās, kad slimie tika dziedināti. Viņu ticība Jēzum bija pilnīga, vismaz tajā momentā. Pie šīs ticības bija pievienota Jēzus mīlestība, un ar to tik ļoti bija piepildīta Dieva taisnība, ka kļuva iespējams darīt radīšanas darbus.

Atraitne no Sareptas savā pieredzē izbaudīja radīšanas darbus.

Līdzīgi radīšanas darbi aprakstīti 1. Ķēniņu grām. 17. nodaļā. Kad Elija atnāca uz Sidonu viņš satika nabadzīgu atraitni no Sareptas, kura bija paklausīga Dieva Vārdam. Ilgā sausuma dēļ nevienam nebija ēdamā. Viss, kas viņai bija – tā miltu sauja un mazliet eļļas. Elija lika viņai izcept maizi no pēdējiem miltiem, sakot svētības vārdus: „jo tā ir sacījis Tas Kungs, Izraēla Dievs; milti tīnē neizsīks un eļļas apaļā krūzē nepietrūks līdz tai dienai, kurā Tas Kungs atkal dos lietu virs zemes," (1. Ķēniņu 17:14).

Izdzirdot to, atraitne no Sareptas nesāka iebilst, bet paklausīja. No veselā saprāta spriežot, liekas, ka viņas stāvoklī to neiespējami izdarīt. Viņa bija uz nāves robežas un viss, kas viņai bija – šīs ēdiena druskas, bet šeit cilvēks prasa atdot viņam pēdējo. Viņa varēja to uzskatīt par vienkārši nekaunību. Bet viņa tā nepadomāja. Dievs noskaņoja viņas sirdi un atļāva viņai atpazīt viņā Dieva cilvēku, un viņa paklausīja tam, ko viņš lika izdarīt.

Kāda gan svētība bija dota viņai vēlāk? 1. Ķēniņu grām.,

17:15-16, teikts: „Un viņa aizgāja un arī izpildīja, kā Elija to bija sacījis. Un viņa ēda, tāpat arī viņš un tāpat viņas nams labu laiku. Bet milti tīnē neizsīka un eļļas apaļā krūzē nepietrūka, pēc Tā Kunga vārda, ko Viņš caur Eliju bija runājis."

„Labu laiku" šeit nozīmē ne tikai dažas dienas, bet ilgu laika periodu. Milti un eļļa nebeidzās pateicoties radīšanas darbiem. Kā gan varēja Elija parādīt tādus radīšanas darbus, kuri iespējami tikai Dieva telpā?

Elija nepārvaldīja Dieva telpu, bet tajā momentā, lai arī nepilnīgi, viņš varēja izprast Dieva sirdi un pieņemt Viņa gribu. Viņa Dieva sirds saprašana bija ierobežota tikai ar noteiktām lietām, paredzētām uz noteiktu laika periodu. Reizēm Dievs pieļauj ļaudīm izprast Viņa sirdi, lai piepildītos Viņa griba.

Elīsa saņēma divreiz lielāku svaidījumu, nekā viņa priekštecis Elija, bet tā kā Dievs nepieļāva viņam saprast, viņš arī nesaprata, kas nospiež sievietes – sunamietes sirdi. Viņa centīgi kalpoja Dieva cilvēkam Elīsam un pēc viņa pravietojuma dzemdēja dēlu. Tomēr viņas dēls negaidīti nomira, un, kad tas notika, viņa uzreiz atnāca pie Elīsas. Un kamēr viņa nepateica viņam, kas noticis, viņš nevarēja saprast, kāpēc viņa ir apbēdināta: „Bet, kad viņa bija nonākusi pie Dieva vīra kalna virsotnē, tad tā apkampa viņa kājas; tad pienāca Gehazis, lai viņu atstumtu, bet Dieva vīrs sacīja: „Liec to mierā, jo viņas dvēsele ir noskumusi, un Dievs to ir paturējis apslēptu no manis un nav man to darījis zināmu!" (Otrā Ķēniņu 4:27).

Priekš tā, lai lasītu Dieva sirdi un lietotu Viņa telpu, ļoti svarīgi izkopt gara pilnības sirdi, lai pilnībā uzticētos Dievam un paklausītu Viņam. Elija, Ābrahāms, Mozus un Pāvils lietoja Dieva telpu, tādēļ ka viņu sirds bija ieguvusi gara pilnību. Kad Dievs lika viņiem kaut ko darīt, viņi saprata Dieva nodomu, kas ietverts šajā pavēlē. Viņi juta, kā Dievs darbosies, varēja redzēt savā garā tā attēlu un tādēļ uzticējās Viņam.

Elija droši sludināja Dzīvo Dievu un izsauca uguni no debesīm, tāpēc ka viņš savā sirdī juta, ko Dievs darīs. Tieši tāpat bija arī tad, kad viņš paprasīja atraitnei no Sareptas atdot viņam visu, kas palicis no viņas ēdiena. Ja mēs pilnībā uzticamies Dievam, tad varam paklausīt pat tajā, kad liekas, tur vispār nav nekādas jēgas. Un ja mēs rīkojamies tieši tā, tad tur viss notiks pēc Dieva vārda. Atraitne pie sevis piedzīvoja radīšanas darbus, tādēļ ka viņi abi, gan atraitne, gan Elija, atbilda Dieva taisnīguma kritērijiem.

Atraitne uzticējās Dieva cilvēkam Elijam un noticēja viņa vārdam tāpat, kā Dieva Vārdam. viņa paklausīja viņa teiktajam bez šaubīšanās, nepadodoties cilvēciskai prātošanai. Tādēļ viņai izdevās pietuvoties Dievišķai telpai, kuru lietoja Elija.

2 Laiku grāmatā 20:20, mēs lasām: „Ticiet Tam Kungam, savam Dievam, - un jūs būsiet nodrošināti! Ticiet Viņa praviešiem, tad jūs uzvarēsiet!"

Pilnībā uzticoties Dievam, Elija izmantoja Dieva telpas iespējas, kura pieder vienīgi Dievam. Atraitne pilnībā uzticējās

Elijam, un tādēļ Dieva telpa nonāca uz viņiem, un viņi ieraudzīja radīšanas darbus. Kā arī iepriekšējā gadījumā, Dievs apklāj ļaudis ar Dieva telpu, ja viņi ar ticību un paklausību apvienojas ar Dieva ļaudīm, kuri spējīgi iedarbināt Dieva telpu.

Trīs Daniela draugi izgāja necietuši no cepļa.

Trīs Daniela draugi bija iemesti nokaitētā ceplī, tādēļ ka viņi atteicās zemoties elkam. Ceplis bija sakarsēts septiņas reizes stiprāk kā parasti, un kareivji, kuri piegāja tuvu pie krāsns, lai iemestu tajā trīs draugus gāja liesmās bojā. Acīmredzami, ka trīs draugiem arī vajadzēja iet bojā ugunī. Bet, kas notika īstenībā?

Pravieša Daniela grām. 3:24-25, teikts: „Tad Nebukadnecars pēkšņi sajuta izbrīnu; viņš steidzīgi cēlās un jautāja saviem padomniekiem: „Vai tad mēs neiemetām ugunī trīs vīrus saistītus?" Tie atbildēja ķēniņam: „Jā, tiešām tā, ak, ķēniņ!" Tad viņš atbildēja: Bet es redzu četrus brīvi ugunī staigājam, un tiem redzami uguns neko nekait, un ceturtais izskatās, kā kāda dievišķa būtne."

Sakaitētajā ceplī, neapšaubāmi bija iemesti trīs, tomēr tajā izrādījās četri. Ķēniņam likās, ka viens no viņiem bija līdzīgs dievišķai būtnei. Kā likums, garīgās būtnes neredzamas priekš ļaudīm, bet Dievs atvēra garīgās ķēniņa acis un ļāva viņam ieraudzīt garīgo būtni ceplī. Pēc tam, kad trīs vīri iznāca no cepļa, ļaudis ieraudzīja, ka ugunij nebija varas pār šo vīru ķermeņiem: „un mati uz viņu galvas neapsvila, un viņu drēbes neizmainījās un pat deguma smakas nebija pie viņiem jūtamas," (Daniela 3:27).

Kā kaut kas tāds varēja notikt? Trīs Daniela draugi bija pasargāti, tādēļ ka Dieva telpa apklāja tos. Šo secinājumu mēs varam izdarīt, pamatojoties uz iepriekš teikto par to, ka ar viņiem bija Dievišķa būtne. Protams, ka Nebukadnēcers bija pagāns un ticēja, ka tas bija Dieva dēls.

Tad, kas gan bija šī „Dievišķā būtne?" Tas bija Dievs Svētais Gars. Pats Dievs Svētais Gars nonāca pie viņiem un Dieva telpa apklāja fizisko telpu.

Mozus pārvērta rūgto Māras ūdeni saldūdenī.

2.Mozus grām., 15 nodaļā aprakstīts notikums par Māras rūgto ūdeņu pārvēršanu saldūdenī, un tas tāpat ir notikums, kas notika Dieva telpā. Izraēla bērni šķērsoja Sarkano jūru un nonāca tuksnesī, kur viņi trīs dienas nevarēja atrast nekādu ūdeni. Viņi atrada ūdeni tikai Mārā, bet to nevarēja dzert, tādēļ ka tas bija rūgts. Un tad viņi sāka kurnēt pret Mozu. Kad Mozus par to lūdza, Dievs parādīja viņam koku. Pēc tam, kad to iemeta ūdenī, tas pārvērtās par saldūdeni. Vai koks satur sevī kādus elementus, kuri var izmainīt ūdens garšu? Nē. Dievs apklāja ūdeni ar Dieva telpu un parādīja radīšanas darbus, ņemot vērā Mozus ticību un paklausību.

Analoģiski Dieva radīšanas darbi bija parādīti arī mūsu draudzē,kas ļoti pagodināja Dievu. Es Seulā lūdzos par to, lai sāļais ūdens Muanā pārvērstos par saldūdeni, un mana lūgšana bija sadzirdēta.

Šis ūdens bija no akas Muanas Manmin baznīcas tuvumā. Tā atrodas Hadžas Mejonā, Muanā Gunā, Čonnas provincē. Šī teritorija pilnībā jūras ieskauta, un, kad viņi urba urbumus, tad no tiem nāca tikai sāļš ūdens. Viņi ierīkoja trīs kilometru cauruļvadu no citas vietas, lai iegūtu dzeramo ūdeni, bet tas vienalga pietrūka. Muanas Manmin draudzes locekļi atcerējās par brīnumu, kas notika Mārā, un, ticot uz to, ka tamlīdzīgi var notikt arī pie viņiem, lūdzās par to. Viņi daudz reižu lūdza mani atbraukt uz Muanu un palūgties par to, lai sāļais ūdens pārvērstos par dzeramu.

2000 gada februārī es aizgāju uz desmit dienām kalnos lūgties, kur lūdzos par Muanas Manmin draudzi. Šajā laikā Muanas Manmin draudzes locekļi tāpat atradās gavēnī, un lūgšanā par draudzi un par mani un katru dienu, desmit dienu laikā, viņi redzēja apaļas varavīksnes pār savu baznīcu.

Pēc lūgšanu gavēņa beigām kalnos Svētais Gars pamudināja manī lūgties par to, lai sāļais Muanas ūdens pārvērstos saldā. Es nebraucu uz Muanu, lai personīgi lūgtos pie akas, bet Dievs darbojās, pārvarot laiku un telpu, un sāļais ūdens palika salds.

Mana lūgšana un Muanas Manmin draudzes locekļu ticība atbilda Dieva taisnīguma prasībām un darīja iespējamu, lai notiktu radīšanas brīnums. Un līdz pat šai dienai no urbuma pie Muanas Manmin tek saldūdens. Tādēļ ka tā pārklāta ar

Dieva Radītāja telpu. FDA pārbaudēs (kontroles Pārvalde ASV pār pārtikas produktiem un zāļu preparātiem) saņemts apstiprinājums par šī ūdens kvalitāti un tā sastāva minerāliem. Pateicoties šim ūdenim notikuši daudzi dziedināšanas gadījumi, tādēļ svētceļnieku plūsma uz šo baznīcu nebeidzas.

Mirušie ceļas augšām.

Dieva telpā notiek ne tikai radīšanas darbi, bet tāpat arī notiek kontrole pār dzīvību un nāvi. Tā var augšāmcelt mirušos vai nogalināt dzīvos. Tas attiecas uz visu dzīvo, vai tie augi vai dzīvnieki.

4.Mozus grām. 17. nodaļā, rakstīts par to, kā Ārona zizlis zaļoja un ziedi bija izplaukuši. Tas bija iespējams, tādēļ ka tas bija Dieva telpas pārklāts. Uz sausa, nedzīva zižļa sāka plaukt pumpuri, sāka ziedēt un nogatavojās mandeles vienas dienas laikā. Lai dzīvs, augošs koks atnestu augļus, vajadzīgi mēneši, bet sauss un nedzīvs zizlis deva augļus vienā dienā. Tas kļuva iespējams pateicoties tam, ka zizlis bija Dieva telpas pārklāts.

Kad Jēzus nolādēja vīģes koku, tas ātri nokalta, tādēļ ka tas arī bija Dieva telpas pārklāts: „Un viņš redzēja vīģes koku ceļmalā, piegāja klāt un neatrada uz tā nekā kā tikai lapas vien un sacīja: „Uz tevis augļi nemūžam vairs, lai neaug." Un vīģes koks tūdaļ nokalta. Un mācekļi, to redzēdami, brīnījās un sacīja: „Kā vīģes koks tik ātri nokalta?" (Mateja 21:19-20).

Tas pats attiecas arī uz Jēzus augšāmcelto Lācaru. Jāņa Evaņģēlijā 11. nodaļā mēs lasām, ka Lācars bija miris jau četras dienas, un viņa ķermenis jau izdalīja nepatīkamu smaku. Bet, kad Jēzus pasauca viņu iziet, gars atgriezās pie Lācara, un viņa sadalīties sākušais ķermenis atjaunojās. Tas, kas nav iespējams fiziskajai telpai, vienā mirklī kļūst iespējams Dieva telpā.

Mūsu draudzē bija pusaudzis, kurš pilnībā bija akls ar vienu aci, bet viņa redze bija atjaunota. Kad viņam bija trīs gadi, viņam veica operāciju, lai likvidētu kataraktu kreisajā acī, taču pēc operācijas radās sarežģījumi, attīstījās smaga cita acu slimība un notika tīklenes atslāņošanās. Acs tīklenes apvalks atdalījās no tīklenes, un bērns nevarēja normāli redzēt. Situāciju sarežģīja tas, ka viņam radās acs ābola atrofija, tas ir acs ābola izmēra samazināšanās. Rezultātā 2006. gadā viņš pilnībā pazaudēja redzi kreisajā acī.

Taču 2007. gada jūlijā pēc lūgšanas viņam atgriezās redze. Viņa kreisā acs iepriekš pat nereaģēja uz gaismu, bet tagad viņa redze 0,1. Samazinājies acu ābols atjaunojās līdz normālam izmēram. Bez tam viņš sāka labāk redzēt ar labo aci, kuras redze uzlabojās no 0,1 līdz 0,9. Šo dziedināšanas gadījumu apstiprināja rūpīgas medicīniskas izmeklēšanas rezultāti. Un tas bija stādīts priekšā 220 ārstiem no 41 valsts, piektajā Starptautiskajā kristiešu mediķu konferencē, kura notieka Norvēģijā. Kopā ar citiem uzrādītajiem dziedināšanas gadījumiem, šis bija uzsvērts, kā viens no pašiem iespaidīgākajiem.

Tas pats princips piemērots pie visiem citiem orgāniem, audiem un nerviem. Pat, ja nervi, šūnas vai audi atrofējušies nelaimes gadījuma vai slimības rezultātā, tie var no jauna atjaunoties, ja tos apklās Dieva telpa. Dieva telpā var būt dziedināts jebkurš miesas bojājums. Un arī vīrusu un infekcijas slimības, vēzis, AIDS, tuberkuloze, augsta temperatūra – viss tas var būt izdziedināts Dieva telpā.

Slimības gadījumā, sākumā nonāk Svētā Gara uguns un sadedzina visus mikrobus un vīrusus. Pēc tā ķermeņa daļa, kas cietusi no slimības atjaunojas. Pat laulātie pāri, kas cieš no neauglības, var ieņemt bērnu, ja to nepilnīgais ķermenis būs pārklāts ar Dieva telpu un tādā veidā atjaunosies. Bet, lai tiktu dziedināts no slimībām un vainām, nokļūstot zem Dieva aizsega cilvēkam jāatbilst Dieva taisnīguma prasībām.

3. Darbi, kas pārvar laiku un attālumu.

Spēka darbi, kas tiek veikti Dieva telpā, var pārvarēt laika un attāluma rāmjus. Tas iespējams tādēļ, ka Dieva telpa ir pārāka par citām dimensijām un pakļauj tās. 19:5 Psalmā, teikts: „... to vēsts iziet pa visu pasauli un to pausme līdz zemes galiem. Saulei Viņš darināja telti." Tas nozīmē, ka Dieva Vārds, izteikts ceturtajās debesīs, iziet pār visu visumu līdz zemes galiem.

Pat milzīgi attālumi fiziskajā pirmo debesu telpā, līdzinās attāluma neesamībai Dieva telpā. Gaisma vienā sekundē apiet

Zemei septiņas ar pusi reizes. Bet Dieva spēka gaisma var aizsniegt ne tikai Zemes galu, bet arī visuma galu vienā acumirklī. Dieva telpā fiziskajam attālumam nav nekādas nozīmes.

Mateja Evaņģēlija 8. nodaļā pie Jēzus pienāca virsnieks un palūdza dziedināt viņa slimo kalpu. Jēzus teica, ka Viņš atnāks un dziedinās to, bet virsnieks atbildēja: „Kungs, es neesmu cienīgs, ka Tu nāc manā pajumtē; saki tik vienu vārdu un mans kalps taps vesels" (8p.). Un tad Jēzus viņam atbildēja: „Ej, lai tev notiek, kā tu esi ticējis" (13p.). Un tajā pat stundā viņa kalps kļuva vesels.

Slimais cilvēks, atrodoties citā vietā, bija izdziedināts pēc Jēzus vārda, tādēļ ka Viņš lietoja Dieva telpu. Bet virsnieks varēja saņemt šo svētību, tādēļ ka viņš nodemonstrēja absolūtu ticību Jēzum. Jēzus tāpat uzteica viņa ticību, sakot: „Patiesi Es jums saku: ne pie viena Izraēlā Es tādu ticību neesmu atradis" (10p.).

Tiem Saviem bērniem, kuri vienoti ar Viņu ticībā, Dievs vienmēr parāda spēka darbus, pārvarot laiku un attālumu. Sintija Pakistānā mira no zarnu necaurlaidības un citām slimībām. Sintijas māsa tajā laikā bija Korejā, un viņa man atnesa Sintijas fotogrāfiju, lai es palūgtos par viņu. Dziedināšana notika neskatoties uz laiku un attālumu. Un Roberts Džonsons no Savienotajiem Štatiem arī saņēma dziedināšanu pēc lūgšanas, kas pārvarēja laiku un attālumu. Krītot viņam notika pēdas cīpslas plīsums. Viņš nevarēja staigāt no stiprām sāpēm. Viņam pateica, ka nepieciešama operācija, bet viņš varēs staigāt tikai ar protēzi. Taču viņš saņēma pilnīgu dziedināšanu deviņās nedēļās bez jebkādas ķirurģiskas iejaukšanās, bet pateicoties Korejā izteiktai lūgšanai. Tas bija Dieva spēka darbs, kas attīstījās Dieva telpā.

Neparastie apustuļa Pāvila darbi.

Apustuļu darbos 19. nodaļā, runāts par to, ka Dievs darīja neparastus brīnumus ar apustuļa Pāvila rokām. Kad viņš pavēlēja Jēzus Kristus vārdā, ļaunie gari iznāca no apsēstajiem, bet slimie tika dziedināti pat no sviedrautiem un jostām, kuras viņš nēsāja. Viņš necieta no indīgas čūskas koduma, un viņš varēja pravietot: „Dievs darīja neparastus darbus ar Pāvila rokām, tā ka pat sviedru autus un priekšautus no viņa miesas uzlika nevesaliem, un slimība tos atstāja, un ļaunie gari no tiem izgāja" (Apustuļu 19:11-12)

Tādā veidā Dieva telpā var notikt vareni Dieva darbi caur tādiem priekšmetiem kā lakati. Cik gan tas apbrīnojami! Daudzums dziedināšanas darbu notiek arī caur lakatiem pār kuriem es lūdzos. Ja netiek izjaukti Dieva taisnīguma principi, Dieva spēks nekur nepazūd un nepaliek vājāks, cik arī laiks nebūtu pagājis. Tādā veidā, lakati, kuros uzturas Dieva spēks ļoti vērtīgi, jo var atklāt Dieva telpu, neatkarīgi no laika un vietas.

Bet, ja cilvēks, kuram nav ticības, izlieto lakatu nekrietniem mērķiem, tad Dieva darbi nenotiek. Dieva taisnīguma prasībām jāatbilst ne tikai tam, kurš lūdzas ar lakatu, bet arī tiem, par kuriem viņš lūdzas. Viņiem tāpat jātic tam, ka lakats pildīts ar Dieva spēku. Tā ticība, kas lūdzas par slimajiem, un slimā cilvēka ticība būs rūpīgi izvērtēta, un Dieva darbi notiek tādā apmērā, kādā tas atbildīs Dieva taisnības principiem.

Jozua apstādināja sauli un mēnesi.

Iemesls, kura dēļ augstākās dimensijas var pakļaut sev zemākās, ir tajā ka viņās dažāda spēka gaisma un laika tecējums. Augstākajās dimensiju telpās gaisma spožāka, bet laika tecējums ātrāks. Ceturto debesu gaisma spožāka par trešo, bet tā, savukārt, spožāka, kā otrajās debesīs.

Kas attiecas uz laika tecējumu, tad otrajās debesīs tas ir ātrāks, nekā pirmajās, un vēl ātrāks – trešajās debesīs. Taču ceturtajās debesīs laika tecējums var būt kā ātrs, tā arī lēns. To vada Dieva sirds. Dievs var paildzināt to, saīsināt vai pavisam apstādināt.

Radīšanas darbi, augšāmcelšanās no mirušiem un Dievišķā dziedināšana, notiekošie ārpus laika un telpas, iespējami pateicoties laika tecējuma apstādināšanai. Lūk, kādēļ kādi noteikti notikumi var notikt, ja tie glabājas jūsu sirdīs, vai, kad tikai būs rīkojums uz to.

Kad Jozua cīnījās ar amoriešiem, saule un mēness apstājās, un tas pagarināja laika tecējumu. Jozuas 10:13, teikts: „Tad saule palika mierā, un mēness apstājās, kamēr tauta atriebās saviem ienaidniekiem." Tas notika tad, kad Jozua cīnījās ar amoriešim, Kānaānas zemes iekarošanas laikā. Kas pirmajās debesīs var izsaukt saules apstāšanos uz visu dienu?

Pa vienu diennakti Zemei jāapriņķo ap savu asi, bet, ja saule apstājusies, tad arī zeme pārtrauc savu riņķošanu. Ja zeme pārstāj griezties kaut vai uz brīdi, tad tas var izraisīt bīstamas sekas ne tikai priekš pašas Zemes, bet arī priekš citiem debesu ķermeņiem. Kā gan saule var apstāties uz visu dienu?

Atbildi uz šo jautājumu var atrast Dieva telpā. Tajā momentā zem Dieva telpas pārklāja atradās ne tikai zeme, bet arī visas pirmās debesis. Un tad vismaz uz to momentu, viss notiekošais pirmajās debesīs bija sinhronizēts ar laika tecējumu garīgajā pasaulē. Šis laika tecējums bija izstiepts. Saule apstājās uz visu dienu, tā ka ļaudīm likās, it kā paietu daudz laika. Bet patiesībā tā varēja būt tikai viena minūte vai pat sekunde.

Tajā momentā visas pirmās debesis bija garīgās pasaules laika plūsmā, tā ka fiziskajam laika tecējumam nebija nozīmes. Pat ja tikai pirmo debesu daļa, bet ne visas pirmās debesis bija pārklātas ar Dieva telpu, nerastos nekādu problēmu, tādēļ ka citās fiziskās telpas vietās turpinātos fiziskās telpas laika plūdums.

Elija skrēja ātrāk par ķēniņa ratiem.

Bībelē mēs atrodam gadījumu, kad laika plūsma paātrinājās. Tas notika, kad Elija skrēja pa priekšu ķēniņa Āhaba ratiem, par ko stāstīts Pirmā Ķēniņu, 18. nodaļā. Laika plūsmas saīsināšana – parādība, kas pretēja laika plūsmas paplašināšanai. Pieņemsim, ka cilvēks atrodas zem ceturtās dimensijas pārklāja, un vienas stundas fiziskā laika laikā Dievs Savā telpā var saīsināt šo stundu, ja gribēs.

Viņš saīsinās to līdz 30 minūtēm, tad tas nenozīmē, ka pārējās 30 minūtes pazudīs. Tas nozīmē, ka viena stunda saspiedīsies līdz 30 minūtēm.

Pieņemsim, ka jūs esat izklājuši audumu 100 metru garumā un esat noskrējuši pa to no gala līdz galam 20 sekundēs. Bet cik tas prasīs laiku, ja jūs saliksiet audumu divās kārtās? Tie būs 50 metri, kurus jūs noskriesiet 10 sekundēs. Ja salocīsiet audumu vēl reiz, tad gan garums un laiks saīsināsies. Bet audums pie tam nepazūd.

Kaut, kas tamlīdzīgs notiek arī ar laika paātrinājumu Dieva telpā. Elija skrēja ar savu parasto ātrumu, bet viņš varēja būt ātrāks par ķēniņa ratiem, tādēļ ka bija paātrinātā laika straumē. Piemēram lidmašīna lido ar ātrumu 900 km, stundā, taču lidmašīnas salonā pasažieri nejūt ātrumu.

Pirmā Ķēniņu grām, 18:46, mēs lasām: „Un Tā Kunga roka nāca pār Eliju: viņš apjoza savus gurnus un skrēja Ahabam pa priekšu līdz Jezreēlas pievārtei.”

Ķēniņš Ahabs dzina savus ratus, lai viņu nepanāktu lietus, bet Elija skrēja ātrāk, jo viņam bija piešķirta Dieva telpa, kurā nav laika un telpas ierobežojumu. Bībele saka: „Tā Kunga roka nāca pār Eliju.” Elija ķermenis bija Dieva spēka apklāts, tādēļ ar viņu varēja notikt tas, kas atrodas aiz ierobežotajām cilvēciskajām iespējām.

4. Pārvietošanās garīgajā telpā.

Apustuļu darbos 8. nodaļā Filips, Svētā Gara vadīts satika galminieku no Etiopijas ceļā no Jeruzalemes. Viņš evaņģelizēja galminiekam par Jēzu Kristu un pat kristīja viņu. Filips atradās tuksnesī ceļā uz Gazu, bet vienā mirklī nokļuva Azdotā. Tā patiesībā bija pārvietošanās garīgajā telpā, kura analoģiska teleportācijai: „Kad tie no ūdens bija izkāpuši, Tā Kunga Gars Filipu aizrāva, un galminieks viņu vairs neredzēja; viņš līksms ceļoja tālāk. Bet Filips bija nokļuvis Azdotā un, visas pilsētas pārstaigādams, viņš tur sludināja evaņģēliju, līdz kamēr nonāca Cezarijā," (Apustuļu 8:39-40).

Lai notiktu teleportācija, cilvēkam jāiziet cauri garīgajam koridoram, ko veidojusi Dieva telpa. Tā kā laika tecējums šajā garīgajā koridorā apstājas, tad cilvēks var tajā teleportēties.

Dievs pieļāva mūsu draudzes locekļiem netieši piedzīvot tamlīdzīgu pārvietošanos garīgajā pasaulē. Tas notika ar spārēm. Spāres no citām vietām pie mums parādījās un pazuda caur garīgo koridoru, kas bija Dieva telpas veidots.

Liels daudzums spāru parādījās tur, kur mēs pavadījām vasaras nometnes; tās noēda odus un citus kaitīgos kukaiņus. Spāres uz šo laiku pārvietojās pie mums no citām vietām. Tādas neparastas spāru pārvietošanās sākās 2006. gadā. Atkarībā no garīgā koridora stāvokļa, tamlīdzīgas pārvietošanās var būt horizontālas vai vertikālas.

Kas ir apbrīnojami, šīs spāres nebaidās no mūsu draudzes locekļiem, un, kad viņi tās sauc, viņas sēžas uz to pirkstu galiņiem, pleciem un citām ķermeņa vietām. Spāres, pie tam, pienes labumu, jo ēd uzmācīgos kaitēkļus, kuri vasaras laikā ir liels daudzums. Es no bērnības atceros, ka bija ļoti grūti noķert pat vienu spāri. Sajūtot pat mazāko cilvēka kustību, tās tūlīt pat aizlaižas. Seulā jau sen neredz nevienas spāres, tā kā to parādīšanās lielā skaitā – noteikta Dieva darbība.

Nākamajā, 2007. gadā, spāres sāka parādīties no jūlija sākuma. Parastais spāru laiks – tās ir vasaras beigas un rudens. Spāru kāpuri, izejot caur garīgo koridoru paspēja kļūt par nobriedušām spārēm. Pa to laiku, kuru tās gāja caur ceturtās dimensijas telpu, viņu nobriešanas process paātrinājās. Tādēļ spāres varēja parādīties daudz agrāk par to parasto laiku.

Bet 2008. gadā, neparasts bija ne tikai to parādīšanās laiks, bet arī viņu daudzums. Neskaitāms daudzums spāru lidoja no debesīm pat pirmajā jūlija nedēļā. Dažādas misionāru grupas no mūsu draudzes novadīja vasaras nometnes dažādos Dienvidkorejas rajonos un visi draudzes locekļi sāka liecināt par to, ka spāres vertikāli nolaidās pie viņiem tieši no saules. Spāres nepārvietojās horizontāli uz citām noteiktām vietām. Tās nolaidās lejup un palika tur, kur atlidojušas, un tās varēja redzēt sēdošas uz rokām, sejām vai draudzes locekļu pleciem.

Tajā gadā vasaras nometņu tēma bija „garīgā telpa," tā kā ticīgo prieks bija neparasts. Viņi varēja uzklausīt svētrunas, skatot reālu piemēru – spāres, kas pārvietojās garīgajā telpā. Pateicoties šīm vasaras nometnēm, draudzes locekļu ticība pacēlās uz jauna līmeņa. Tieši tādas pat darbības notika arī citās draudžu filiālēs, un ne tikai Korejā, bet arī citās pasaules valstīs.

Tas pats atkārtojās 2009. gada vasarā. Katra misija novadīja savu vasaras nometni, un spāres atlidoja daudz vairāk, kā iepriekšējā gadā. Ticīgie redzēja desmitiem tūkstošu spāru, kas parādījās no saules puses caur garīgās telpas atvērtajiem vārtiem. Kamēr tās nolaidās no debesīm, viņas dzirkstīja un izskatījās kā sniega pārslas.

Kad Izraēla bērni šķērsoja Sarkano jūru, vējš sadalīja jūras ūdeņus, un bija noformēts garīgais koridors. Cik gan spēcīgam jābūt vējam, lai jūra sadalītos! Cilvēks nevarētu noturēties kājās pie tāda vēja. Taču vairāk kā divi miljoni Izraēliešu mierīgi gāja pie tādas vētras. Lai nobloķētu vēju, kas varētu kaitēt ļaudīm, bet vienlaikus dotu viņiem iespēju iet pa sausumu arī bija noformēts garīgais koridors. Bet kas notika, kad viņi šķērsoja Jordānes upi, lai ieietu Kānaānas zemē?

Jozuas grāmatā 3:15-16, teikts: „... un šķirsta nesēji nonāca līdz Jordānai, un priesteru kājas, kuri nesa šķirstu, bija jau iebridušas ūdenī – bet Jordāna ir pārplūdusi visu pļaujas laiku –

tad ūdeņi, kas plūda no augšas, sastājās kā liels aizsprosts, kurš sniedzās līdz pašai Adomas pilsētai, kas atrodas sānis Cartanai, bet ūdeņi, kas plūda lejup uz Arabas jūru jeb sāls jūru, izsīka."

Tur kur gāja Izraēlieši, bagātīgās straumes no augšas sakrājās kā siena, bet pēc viņiem ūdens turpināja tecēt straumē. Uz laiku, kamēr viņi gāja pāri, bija izveidota garīgā telpa, pēc formas atgādinoša dambi.

Dažādu garīgo koridoru izmantošanas iespējas.

Ja mēs varēsim sekmīgi lietot garīgos koridorus, tad mums izdosies kontrolēt arī laika apstākļus. Ņemsim kā piemēru, divus reģionus: viens no tiem cieš no plūdiem, bet cits – no sausuma. Ja mēs pārvietosim lietus mākoņus uz sausuma zonu, tad varēsim vienlaicīgi atrisināt problēmas abos reģionos.

Piemērs tam ir negaidītās lietavas, kas notika Izraēlā. 2009. gada septembrī es lūdzos gatavojoties evaņģelizācijas festivālam Izraēlā. Tas bija grūts Izraēlai laiks, jo piecus pēdējos gadus tur pieturējās stiprs sausums. Mācītāji Izraēlā pastāstīja man par šo situāciju un palūdza aizlūgt par to.

Gadījumā, kad lūgums aizskar nacionālās intereses, lai saņemtu atbildi, jābūt ievērotiem noteiktiem noteikumiem. Bet tieši: prezidentam vai kādam tikpat augsta ranga līderim, vai arī lielākajai daļai tās iedzīvotāju ticībā jālūdz. Taču, aiz žēluma par notiekošo, es lūdzos par lietu Izraēlā pirmajā un otrajā festivāla dienā, lai beigtos sausums.

Un, kas tad rezultātā notika? Izraēlā klimatiskās sezonas krasi dalās uz lietus vai sausuma periodiem. Septembris attiecas uz gada sausāko periodu, tādēļ nokrišņi šajā mēnesī iekrīt ļoti reti. Reizēm uz oktobra beigām var uzlīt neliels lietus. Lietus sezona faktiski sākas decembrī un turpinās līdz nākošā gada februārim. Bet tad, no ilgstošā sausuma, Galilejas jūras līmenis bija zemāks par „sarkano līniju," kura sastāda 213 metrus. Ūdens līmenim nokrītot zem šīs līnijas, ņemt ūdeni no jūras nav atļauts.

Nākošajā dienā pēc starptautiskā kultūras festivāla, Izraēlas ziemeļos sākās lietus. 13. septembrī, svētdienā, nolija ievērojams nokrišņu daudzums Jeruzalemē un Telavivā. Izraēliešu mācītāji priecājās un slavēja Dievu par to, ka pēc manas lūgšanas atnāca lietus. Bet ar to viss nebeidzās. Nākošajā nedēļā nolija vēl vairāk nokrišņu, un ūdens resursu Departaments Izraēlā paziņoja, ka nokrišņu daudzums par divām dienām atbilst vidējam nokrišņu daudzumam par septembri un oktobri. Saskaņā ar Dieva taisnīgumu, tas bija neiespējami, bet Dievs, kura žēlastība augstāka par tiesu, sadzirdēja lūgšanu un sūtīja viņiem lietu.

Dažās pasaules valstīs bieži notiek taifūni un viesuļvētras, kas atnes daudz postījumu. Ja mēs spēsim novirzīt taifūnus uz neapdzīvotām vietām, tad nebūs nekādu postījumu.

Tā divi taifūni tuvojās Filipīnām, kad 2001. gadā es atbraucu tur, lai novadītu kristīgo konferenci. Postošais divu taifūnu vējš,

„Nari" un „Lekima," tuvojās Filipīnu salām. Ja tie ietu saskaņā ar prognozēm, tad mēs nevarētu tur novadīt evaņģelizācijas kalpošanu. Preses konferencē reportieri jautāja: vai notiks festivāls tādos apstākļos?

Un es tad viņiem teicu: „Taifūni zaudēs spēku un mainīs virzienu. Sludināšanas laikā nebūs ne taifūns, ne lietus, tādēļ lūdzu cenšaties atnākt." Tieši pirms festivāla „Nari" pilnībā norimās, bet „Lekima" negaidot mainīja kursu, aizejot Filipīnām garām. Un mēs novadījām Evaņģelizācijas kalpošanu bez jebkādiem sarežģījumiem.

Lietojot Dieva telpu, mēs varam apturēt ne tikai taifūnus, bet arī citus stihiskus postījumus, piemēram, vulkānu izvirdumiem vai zemestrīces. Mēs varam vienkārši pārklāt vulkāna izvirduma rašanās avotus vai zemestrīces ar Dieva telpu, un, ja tas atbilst Dieva taisnīguma kritērijiem, tad postījumus varēs novērst. Piemēram, lai apturētu katastrofu, kura var sasniegt nacionālu mērogu, par aizlūgšanu jāprasa valsts līderim. Bez tam, pat, ja garīgā telpa būs atvērta, tad tas nemaz nenozīmē, ka pirmo debesu taisnīgums pie tā būs pilnīgi ignorēts. Garīgās telpas darbs būs ierobežots, lai neizraisītu nekādu satraukumu pēc tam, kad garīgās telpas pārklājs būs noņemts. Visvarenais Dievs pārvalda visas Debesis, un Viņš – Mīlestības un Taisnības Dievs.

5. Mīlestība, kura augstāka par taisnīgumu.

Dievs pareģoja Abrahāmam 1. Mozus grām. 18. nodaļā, kas notiks Sodomā un Gomorā, grēkos grimstošajās pilsētās: „Un Tas Kungs sacīja: Brēkšana par Sodomu un Gomoru patiešām ir liela, un viņu apgrēcība ir ļoti smaga. Es iešu un lūkošu, vai viņi ir darījuši pēc tās brēkšanas, kas aizsniegusi Mani, vai ne; to Es gribu uzzināt," (1. Mozus 18:20-21).

Sodomai un Gomorai vajadzēja saņemt sodu par saviem grēkiem saskaņā ar taisnīguma likumu, bet Dievs atļāva Ābrahāmam par to uzzināt iepriekš, jo tur dzīvoja viņa brāļadēls Lats. Tāds bija Dieva sirds nodoms, kas deva viņiem vēl vienu iespēju. Un tajā – Dieva mīlestība un taisnīgums.

Ābrahāms piecas reizes izteica lūgumu Dieva priekšā par Sodomas glābšanu. Pirmo reizi viņš paprasīja neiznīcināt pilsētu, ja tajā atradīsies kaut vai piecdesmit taisnie, bet pēc tam prasīja par četrdesmit pieciem, trīsdesmit, divdesmit un beigās, samazināja šo skaitu līdz desmit: „Un Ābrahāms sacīja: „Kaut nedusmotos mans Kungs. Es runāšu vēl reizi: varbūt atradīsies tikai desmit? Un Viņš atbildēja: „Es to neizpostīšu šo desmit dēļ," (1. Mozus 18:32).

Ābrahāms bija vienkāršs radījums, bet varēja prasīt Dievu ar tādu pārdrošību. Tas runā mums par to, ka viņš bija ar Kunga sirdi un kļuva vienots ar Dievu. Viņš ar patiesu mīlestību lūdza, lai aizskartu Dieva sirdi un glābtu ļaudis, un Dievs bija aizkustināts par viņa mīlestību un apsolīja viņam izdarīt to, par ko viņš lūdza.

Dievs darbojās mīlestībā, taisnīguma robežās. Tādēļ Viņš gribēja parādīt žēlastību un līdzjūtību pirms tam, kā sodīt Sodomu un Gomoru. Ar mīlestību, kas stāv pāri taisnīgumam, Dievs deva viņiem vēl vienu iespēju pēc taisna cilvēka – Ābrahāma lūgšanas.

Sodoma un Gomora beigu beigās bija sodītas, jo starp viņiem neatradās pat desmit taisno, bet brāļadēls Lats un viņa ģimene bija izglābtas. Tādēļ ka Lats atradās Ābrahāma telpā, kuru Dievs ļoti mīlēja. Citiem vārdiem Dievs tik stipri mīlēja Ābrahāmu, ka Viņš rūpējoties par Ābrahamu apklāja Latu un viņa ģimeni ar garīgo telpu.

Es jau skaidroju, ka Dieva telpā viss tiek vadīts Dieva mīlestībā un taisnībā. Mīlestība padara taisnīgumu par neko, pie tam nepārkāpjot to. Lai tas būtu tieši tā, cilvēkam jāiekopj savu sirdi, atbilstoši ceturto debesu taisnīguma normām. Kad viņš pilnveido sevī sirdi, vienotu ar Dieva sirdi, tad viņš varēs parādīt Dieva darbus, kuri stāv pāri taisnīgumam, nepārkāpjot pie tam ceturto debesu taisnīgumu.

Problēma tajā, kā tieši cilvēks var iekopt sevī Dieva sirdi. Līdz tam laikam, kamēr tas nenotiek, viņam ar ticību un mīlestību jāpārvar neiedomājamus pārbaudījumus, kurus cilvēkam pat grūti iedomāties. Viņam jāsamaksā cena, atbilstoša Dieva taisnīgumam, izejot soli pa solim visus pārbaudījumus, pirms viņš varēs lietot Dieva telpu un iepazīt ceturto debesu taisnīgumu.

Ābrahāmam arī bija daudz kārdinājumu un pārbaudījumu, pirms viņš bija nosaukts par „Dieva draugu." Kad viņam palika septiņdesmit pieci gadi, Dievs viņam teica, ka no viņa celsies liela tauta, taču pēc tā vairāk kā divdesmit gadu viņam nebija bērnu. Bet, kad viņam palika deviņdesmit deviņi gadi, un Sārai bija astoņdesmit deviņi, un viņai vairs nevarēja būt bērnu, Dievs beidzot teica viņam, ka nākošajā gadā viņam piedzims dēls.

Saskaņā ar cilvēciskām normām, tas šķiet pilnīgi neiespējami, bet Ābrahāms pilnīgi uzticējās Dievam, un nekad nešaubījās. Dievs ieskaitīja Ābrahāma ticību par taisnību, un pēc viņa ticības piedzima Īzaks. Īzaks auga, kļūstot par lielisku bērnu, bet kādu reizi Dievs teica Ābrahāmam pienest Īzaku kā dedzināmo upuri. Ābrahāms ticēja, ka Dievs varēja atdzīvināt dēlu, pat, ja viņš pienesīs viņu kā dedzināmo upuri. Dievs apsolīja radīt no Īzaka lielu daudzumu pēcteču, tādēļ Ābrahāms varēja atdot savu vienīgo dēlu Īzaku bez kādas šaubīšanās, tādēļ ka patiesi godāja Dievu.

Pēc tam, kad Ābrahāms izturēja visus kārdinājumus un pārbaudījumus, Dievs nosauca viņu par Savu draugu un ticības tēvu. Bet pēc pēdējā pārbaudījuma, kad viņam vajadzēja pienest savu vienīgo dēlu kā dedzināmo upuri, viņš saņēma visas svētības, kādas tikai var cilvēks saņemt: pēcnācējus, veselību, bagātību un ilggadību.

Dievs meklē patiesus bērnus, kuri varētu saņemt svētības un izvest daudz dvēseļu uz glābšanas ceļa, pateicoties ticības un mīlestības lūgšanām, kā to darīja Ābrahāms. Dievs parāda radīšanas darbus, pārvalda dzīvību un nāvi un darbojas ārpus telpas un laika, tādēļ ka grib iegūt bērnus, kuriem būtu Dieva sirds.

1. Mozus 18:17-19, teikts: „Un Tas Kungs sacīja:

Vai Man no Ābrahāma būs slēpt, ko Es gribu darīt? Jo Ābrahāmam būs tapt par lielu un varenu tautu, un viņā būs svētītas visas zemes tautas. Es esmu viņu izredzējis, lai viņš saviem bērniem pavēl un savam namam pēc viņa, ka tie sargā Tā Kunga ceļu, lai darītu taisnību un tiesu, ka Tas Kungs liktu nākt pār Ābrahāmu tam, ko Viņš ir sacījis viņam.”

Ja mēs sapratīsim Dieva telpas pamatprincipus, par kuriem es līdz šim runāju, tad mēs spēsim dziļāk izprast arī galvenos notikumus, kas aprakstīti Bībelē, un tad mēs varēsim paši piedzīvot tos. Mēs mācēsim iziet aiz ierobežoto cilvēcisko iespēju rāmjiem, ja kļūsim patiesi Dieva bērni, ticot Dievam un atjaunojot sevī Viņa veidolu, kuru mēs pazaudējām. Tādēļ Kungs Jēzus, pirms tam, kā pacelties Debesīs, teica: „Bet jūs dabūsiet spēku, kad Svētais Gars būs nācis pār jums, un būsiet Mani liecinieki kā Jeruzalemē, tā visā Jūdejā un Samarijā un līdz pašam pasaules galam,” (Apustuļu, 1:8).

Kā mums ātrāk saņemt Dieva spēku un kļūt par Kunga liecinie.kiem? Mums jāšķīsta sava sirds karsti lūdzoties un ieejot

158

gara pilnībā, lai darbos pielietotu Dieva telpas iespējas. Mums tāpat jātiecas piepildīt pilnībā Dieva taisnību un mīlestību, lai saņemtu tiesības mantot pašu brīnišķīgāko mājokli Debesīs – Jauno Jeruzalemi un pat pašu Dieva telpu.

Dieva veidols

Cilvēks var atjaunot sevī Dieva veidolu, kad kļūst par patiesu Dieva bērnu ar Dieva sirdi. Bet tas nenozīmē, ka viņš burtiski var kļūt par Pašu Dievu. Dievs var eksistēt vienkārši kā Gaisma, bez formas, vai var ietērpties noteiktā formā.

1. Dievs ietērpās formā, lai izveidotu cilvēci.

2. Cilvēks radīts pēc Dieva līdzības.

3. Mēs nevaram tieši ieraudzīt Dievu.

4. Dieva varenums un izskats.

5. Dieva izskats, ko redzēja apustulis Jānis.

6. Piederība Dieva būtībai.

Kā izskatās Dievs? Kāda Viņa varenība?

Kad cilvēks pieņem Jēzu Kristu un uzzin vairāk par Dievu, viņam tāpat vairāk jāinteresējas par Dieva veidolu un par Debesu Valstību. Ja bērni ilgāku laiku neredz vecākus, viņi skumst pēc tiem, ar maigumu par viņiem domājot. Tieši tāpat dziļi mūsu dabā ieliktas slāpes un tieksme pēc Dieva.

Mateja Evaņģēlijā 5:8, teikts: „Svētīgi sirdsšķīstie, jo tie Dievu redzēs." Būt ar tīru sirdi – nozīmē nedomāt par bezvērtīgām lietām, būt tīram patiesībā. Tā ir sirds, kura bez traipa un vainas un, kura neļauj mums domāt par kaut ko samaitātu vai rupju. Teikts, ka sirdsšķīstie sirdī Dievu redzēs; bet ko tas nozīmē? Tas nozīmē, ka viņi ieraudzīs iesākuma Dieva būtību kā tādu. Tas nozīmē, ka viņi sajutīs Dieva klātbūtni, saņemot visu par ko viņi lūgs.

Ar to nav domāts, ka ļaudis nekad nevarēs ieraudzīt Dieva vaigu. Tas tikai nozīmē, ka viņi nevarēs ieraudzīt Dieva seju tieši (2. Mozus 33-20). Dievs – tas ir Gars un tā kā mēs neredzam Pašu Dievu, tad mēs nevaram arī precīzi zināt, kāds viņš ir – Dieva izskats. Bet Dievs saka, ka mēs esam radīti pēc Viņa līdzības, tādēļ mēs varam tikai izdarīt secinājumu, ka ir kaut kas kopējs starp Dieva izskatu un to, kā izskatīsimies mēs. Un mēs varam stādīties sev priekšā, kā izskatās Dievs, lasot Bībeli, kura atklāj mums Dievu.

1. Dievs ietērpās formā, lai izveidotu cilvēci.

2. Mozus grām. 3:14, Dievs saka par Sevi: „Es Esmu, kas Es Esmu." Pilnīgā Dievišķā būtība eksistē pirms iesākuma. Ļaužu zināšanas ierobežotas, tādēļ mēs domājam, ka visam jābūt sākumam. Tikai priekš tā, lai mums būtu saprotami, Dievs lieto vārdu: „iesākumā."

Tā Jāņa Evaņģēlijā 1:1, mēs lasām: „Iesākumā bija Vārds, un Vārds bija pie Dieva, un Vārds bija Dievs." Bet 1. Mozus 1:1, teikts: „Iesākumā Dievs radīja debesis un zemi."

Dievs radīja cilvēkus tad, kad Viņš radīja debesis un zemi un visu tajās, un tādēļ 1. Mozus grāmatas vārdi „iesākumā" nosaka attiecības ar cilvēkiem. No otras puses sākums, kas minēts Jāņa Evaņģēlija 1. nodaļā, - tas ir atskaites punkts laikam ilgi pirms radīšanas. Un tam nav nekāda sakara ar cilvēkiem.

Iesākumā Dievs bija garīgās pasaules telpā, kura nav redzama mūsu acīs. Dievs eksistēja, kā brīnišķīga zaigojoša gaisma un valdīja pār visu, esot pār visām visuma telpām. Dievam ir gan cilvēciskas gan Dievišķas īpašības, tādēļ Viņš ieplānoja cilvēces radīšanu, kuras mērķis bija iegūt patiesus bērnus. Priekš tā Viņš sāka eksistēt kā Trīsvienība: Tēvs, Dēls un Svētais Gars.

Tieši tajā laikā Dievs ieguva ārējo izskatu. 1. Mozus 1:26, teikts: „Tad Dievs sacīja: Darīsim cilvēku pēc mūsu tēla un līdzības...”

Protams, ka šis izskats – nav fiziska forma, kā cilvēkiem. Dievs, Kurš ir Gars, ietērpās garīgā formā. Eņģeļi, debesu karapulks vai ķerubi – tās ir garīgas būtnes, bet viņām ir atbilstoša forma. Iesākumā Dievam nebija noteiktas formas, bet kādā momentā Viņš to pieņēma.

Dievs Trīsvienība ietērpās formā mūsu cilvēku dēļ, un, kad Viņš radīja zemi, kas paredzēta cilvēces izaudzēšanai, Viņš nonāca uz šo zemi. Viņš izpētīja, kas būs vajadzīgs nākotnē uz zemes un, kā Viņam radīt visu to. Pēc tam Viņš ķērās pēc visa nepieciešamā radīšanas, kas būtu vajadzīgs dzīvei uz zemes.

2. Cilvēks radīts pēc Dieva līdzības.

Dievs Trīsvienība radīja ļaudis pēc Savas līdzības sestajā radīšanas dienā. Tas nenozīmē, ka cilvēkam bija dota tikai ārējā līdzība Dievam. Tas tāpat nozīmē, ka mūsu sirdis bija radītas pēc Dieva sirds līdzības.

Bet Ādama nepaklausības dēļ ļaudis pazaudēja sākotnējo veidolu, ko saņēma pie radīšanas, grēki to apgānīja arvien vairāk. Ādamam zaudējot Dieva līdzību, tas nenozīmē ārējās līdzības zaudēšanu, tas nozīmē, ka viņš zaudējis Dieva dabu, kurā ir svētuma labā smarža. Ļaudis sastāv no gara, dvēseles un ķermeņa, taču grēka rezultātā cilvēka gars nomira. No tā laika viņi pārstāja atšķirties no dzīvniekiem, kuri arī sastāv tikai no dvēseles un ķermeņa.

Bet, kad pienāca laiks Dievs sūtīja uz šo zemi Jēzu, kuram vajadzēja atvērt glābšanas ceļu tā, lai ikviens varētu izglābties. Visiem, kas pieņem Jēzu Kristu, Dievs dāvina Svēto Garu. Un tad cilvēka mirušais gars atdzimst, un viņš var sākt atjaunot sevī zaudēto Dieva veidolu. Svētais Dievs vēlas, lai Viņa bērnos arī būtu svētums. Tādēļ Viņš uzstājīgi aicina mūs: „... esiet svēti, jo Es esmu svēts,” (1. Pētera vēst. 1:16).

Dievs skatās ne uz cilvēka ārieni, bet uz viņa sirdi. Pretojoties grēkiem, cīnoties ar tiem līdz pat asins izliešanai un atbrīvojoties no visām ļaunuma formām, mēs varam kļūt patiesi Dieva bērni. Zaudētā Dieva līdzība var mūsos atjaunoties, un mūsu garīgā forma sāks spīdēt tik spoži, cik mēs kļūsim līdzīgi Dievam, kas ir Gaisma.

1. Jāņa vēst. 5:18, teikts: „Mēs zinām, ka ikviens, kas no Dieva dzimis, negrēko, bet tas, kas no Dieva dzimis, pasargā sevi, un ļaunais neaizskar viņu.” Dievs aizsargā tos, kas dzīvo pēc Dieva Vārda un negrēko. Viņu izstarotā spožā gaisma, neļauj ienaidniekam velnam un sātanam tuvoties viņiem.

Dievs radīja pasauli un cilvēkus priekš tā, lai iegūtu patiesus bērnus, kuros ir Dieva līdzība. Bet, praktiski, gandrīz neviens cilvēks no radīšanas laikiem, nav iekopis un neiekopj sevī Dieva veidolu. No daudzajiem dzimušajiem ļaudīm, sākot no

Ādama, neviens pa īstam nav izkopis sevī tādu sirdi, kura būtu tīkama Dievam, izņemot ļaužu saujiņu. Dievs staigāja ar tādiem cilvēkiem, un viņi ar savu dzīvi pagodināja Viņu. Viņi darīja varenas lietas, kuras pārsniedz cilvēciskas iztēles robežas. Elija izsauca uguni no debesīm; Ābrahāms uzlika uz ziedokļa savu vienīgo dēlu Īzaku, kā dedzināmo upuri; apustulis Pāvils bija uzticīgs ar visu savu dzīvi un mīlestību. Kad Dievs redzēja tādus cilvēkus, Viņš izjuta lielu prieku.

Un otrādi, pat starp tiem, kam atradās pielietojums Dieva druvā, bija tādi, kurus nevar nosaukt par īstiem Dieva ļaudīm. Tam piemērs ir Elīsa, kurš visu bija samācījies no Elijas un saņēmis garu divreiz lielāku nekā Elijam. Bet viņa sirds nebija tāda pat pilnīga kā Elijam (2. Ķēniņu 2:24). Kad bērni gāja aiz viņa un izsmēja viņu, viņš tos nolādēja. Tad iznāca divas lācenes un saplosīja četrdesmit divus bērnus.

Lats redzēja Ābrahāma labestību, bet nevarēja izkopt sevī tādu pat, kā Ābrahāmam labu sirdi. Pateicoties Ābrahāmam viņš saņēma materiālas svētības, Ābrahāms izglāba viņu no briesmām. Un tomēr, viņš nevarēja izkopt sevī ideālu sirdi.

Protams, ka Elīsa darīja daudz brīnumainus darbus, un ļaudis runāja, ka viņš bija Dieva vīrs. Bet tikai tādēļ, ka viņi to cienīja kā pravieti. Patiess Dieva cilvēks nav tas, kuru Dievs kādā momentā var pielietot, lai realizētu savus mērķus. Tas ir cilvēks, kas atjaunojis sevī Dieva veidolu, cilvēks ar svētu un tīru sirdi, kurā nav ne traipa, ne netikuma.

3. Mēs nevaram ieraudzīt Dievu tieši.

Pēc Ādama grēkā krišanas neviens no dzīvojošajiem pirmajās debesīs, nav spējīgs ieraudzīt Viņu, Kas ir pati Gaisma. Dievs ir Gars, un mēs nevaram ieraudzīt Viņu savām fiziskām acīm. Vēl vairāk 2. Mozus 33:20, teikts: „Manu vaigu tu nedrīksti redzēt, jo cilvēks nevar Mani redzēt un palikt dzīvs."

Elija bija paņemts uz Debesīm, neredzot nāvi, un tomēr viņš nevarēja skatīties tieši uz Dievu. 1. Ķēniņu 19:12-13, teikts: „Un pēc zemestrīces bija uguns. Bet Tas Kungs nebija ugunī. Bet pēc uguns – lēna, lēna balss. Un, tiklīdz Elija to sadzirdēja, viņš aizsedza savu seju ar savu apmetni un nostājās alas ieejas priekšā, un, tad balss griezās pie viņa un sacīja: „Ko tu šeit dari Elija?" Elija apklāja savu seju ar apmetni, kad izdzirdēja Dieva balsi.

Soģu grāmatā 13:22, tāpat teikts: „Tad Manua sacīja savai sievai: „Mēs mirdami mirsim, tādēļ ka esam Dievu redzējuši." Manua – Simsona tēvs. Bet pravieša Jesajas grāmatā tāpat teikts: „...Bēdas man, jo es esmu nāvei lemts! Es esmu cilvēks ar nešķīstām lūpām un dzīvoju tautas vidū, kam nešķīstas lūpas, un tagad nu es redzēju ar savām acīm Ķēniņu, To Kungu Cebaotu!" (Jesajas 6:5).

Ļaudis pārsteidza nāve, kad viņi iegāja Dieva teritorijā vai pieskārās tam, kas bija nodalīts priekš Dieva. Tas notika ar Bet – Semešas iedzīvotājiem, kuri bija nomiruši tādēļ, ka bija ielūkojušies Kunga šķirstā. (1. Samuēla 6:19).

Tā ka ieraugot tieši Dieva seju, ļaudis mirst, Dievs atklāj

viņiem Sevi netieši. Viņš parāda Sevi krūma liesmās, ugunī vai mākonī. Reizēm Viņš atklāj sevi zīmēs, tajā skaitā sadalot Sarkano Jūru un apstādinot sauli un mēnesi, vai brīnumos, kad klibie sāk staigāt, aklie – redzēt, kurlie – dzirdēt, mēmie – runāt, bet mirušie ceļas augšā.

Dievs tāpat parādīja Sevi caur Jēzu Kristu, par ko Vēstulē Kolosiešiem 1:15, teikts: „Jo Viņš ir neredzamā Dieva attēls, visas radības pirmdzimtais." Jāņa Evaņģēlijā 1:18, rakstīts: „Dievu neviens nekad nav redzējis. Vienpiedzimušais Dēls, kas ir pie Tēva krūts, Tas mums Viņu ir darījis zināmu", un tāpat Jāņa Evaņģēlijā 14:9, Jēzus saka: „...Kas Mani ir redzējis, tas ir redzējis Tēvu. Kā tu vari sacīt: Rādi mums Tēvu!"

Daudzi ļaudis šodien saka, ka tic Dievam, bet īstenībā viņi nezin, Kas Viņš ir un nesaprot Viņa sirdi un prātu. Viņi pūlas sevī iztēloties Dievu, izejot no saviem pašu priekšstatiem. Viņi atgādina vardi, dzīvojošu akā, kura domā, ka mazās apaļās debesis, kuras viņa redz, ir arī visas debesis. Līdzīgā veidā, kad ļaudis nevar dalīties ar Dievu Tēvu patiesā mīlestībā, tad viņiem kļūst nesaprotami redzot tos, kurus Dievs mīl.

Jēzus mums parādīja Dieva veidolu.

Kāpēc Jēzus Jāņa Evaņģēlijā, 14:9, teica: „Kas mani ir redzējis, Tas ir redzējis Tēvu." Jēzus – Dievā Tēvā, un Dievs – Jēzū, tādēļ viņi ir pilnībā vienoti. Šī iemesla dēļ, Jēzus teiktie vārdi, nebija Viņa paša, tie bija Viņam doti no Dieva Tēva.

Jāņa Evaņģēlija 12:49-50, rakstīts: „Jo Es nerunāju no Sevis, bet Tēvs, kas Mani sūtījis, Tas Man ir pavēlējis, ko lai saku un, ko lai runāju. Un Es zinu, ka Viņa pavēle ir mūžīga dzīvība. Tāpēc visu, ko runāju, Es runāju, kā to Mans Tēvs Man ir sacījis," bet Mateja Evaņģēlijā 15:30-31, mēs lasām: „Un daudz ļaužu atnāca pie Viņa un atveda sev līdzi tizlus, kroplus, aklus, mēmus un daudz citu un nolika tos pie Jēzus kājām, un Viņš dziedināja tos, tā ka ļaudis brīnījās, redzēdami mēmus runājam, kroplus veselus, tizlus staigājam un aklus redzam, un viņi slavēja Izraēla Dievu."

Kad Jēzus liecināja par Tēvu, Dievs parādīja Savu visvarenību caur zīmēm un brīnumiem, caur pārdabīgām lietām. Tie, kas ticēja Jēzum un sekoja viņam, redzēja Dieva spēku un deva godu Dievam. Bet tie, kas neticēja Jēzum, atstāja Viņu un izklīda. Viņi bija aculiecinieki Dieva brīnumainajiem darbiem, bet nenoticēja Jēzum, jo viss, ko Viņš runāja un darīja, bija nesavienojami ar viņu pašu teorijām un zināšanām.

Tā kā Jēzus bija pilnībā vienots ar Dievu Tēvu, Viņš labprātīgi gāja cauri krusta ceļa šausmām un lāstam, lai piepildītu paredzēto glābšanu. Viņš bija vienots ar Dieva sirdi, Kurš gribēja izglābt grēcīgo cilvēci, kaut tas bija arī ciešanu ceļš. Viņa un Dieva griba sakrita tajā, ka Viņam Pašam vajadzēja kļūt par izpirkuma upuri. Tādēļ Jēzus bez šaubīšanās gāja šo ceļu, neskatoties uz to, ka pēc cilvēciskas saprašanas, šis ceļš bija šaurs un smags.

Kādēļ mēs nedrīkstam darināt nekādus Dieva attēlus?

2. Mozus grāmatā, 3. nodaļā Dievs uzrunāja Mozu pie

Horebas kalna no degoša krūma liesmām. Dievs pavēlēja viņam atvest Ēģiptē vergojošos Izraēla bērnus, uz apsolīto zemi Kanaānu. Kāpēc Dievs parādījās degoša krūma liesmās?

Acīmredzami, ka krūmam vajadzēja sadegt ugunī. Un, ja uguns neiznīcināja krūmu, un tajā pat laikā liesma nenodzisa, tad tas bija neticami. Dievs gribēja parādīt Mozum neiznīcīgās garīgās pasaules eksistenci.

Bez tam, krūms tika uzskatīts par lāsta simbolu, tā ka Dieva vēstnesis, kas parādījās degoša krūma liesmā, norāda uz to, ka Dievs pārvalda visu, tajā skaitā arī lāstus, kura simbols ir krūms. Bet tas, savukārt, dāvā garīgo priekšstatu par to, ka ienaidnieks, velns un sātans, atrodas zem Dieva kontroles. Pēc četrdesmit pārbaudījumu gadiem, Dieva acīs Mozus kļuva par cienīgu cilvēku, un rezultātā Dievs aicināja viņu kļūt par Izraēliešu līderi.

Bet vēlāk pie Horeba kalna, kad Dievs atklāja Sevi Izraēla bērniem uguns liesmā, viņi tikai dzirdēja Viņa balsi, bet neredzēja nekādu tēlu. Dievs atgādināja viņiem par to vēlāk un kategoriski aizliedza darināt jebkādus Viņa atveidojumus: „Tad nu ļoti sargieties savu dvēseļu labad, jo jūs neesat redzējuši nekādu tēlu tai dienā, kad Tas Kungs ar jums no uguns liesmām Horebā runāja, ka jūs neapgrēkojaties un nedarināt sev dieva atveidu kādā tēlā līdzīgu kādam vīrietim vai sievietei, vai arī kādam četrkājainam dzīvniekam, kas virs zemes dzīvo, vai arī kādam spārnotam putnam, kas gaisa lido, vai arī kādam dzīvniekam, kas pa zemes virsu lodā, vai arī kādai zivij, kas ūdenī zem zemes dzīvo; un ka tu nepacel savas acis uz debesīm un, uzlūkodams sauli, mēnesi, kā arī zvaigznes, visus zvaigznāju pulkus debesīs, neliecies kārdināties un nekrīti ar savu vaigu pie zemes to priekšā, un ka tu tiem nekalpo, ko Tas Kungs, tavs Dievs ir piešķīris visām tautām zem visas debess," (5. Mozus 4:15-19).

Kādēļ Dievs to teica? Ļaudis, kas paši ir ar pilnībā noteiktu formu, sliecas sevī iedomāties arī Dieva izskatu. Dievs bija nobažījies par to, ka, ja viņi sāks darīt to, tad ierobežos Dievišķo būtību, stingros attēla rāmjos. Dieva attēlošana, ko rada cilvēki, nepalīdzēs viņiem dziļāk izprast Dievu. Piemānīti ar melīgiem priekšstatiem par Viņu, tie visdrīzāk neieraudzīs Dieva patieso veidolu. Kas savukārt, var novest pie elku kalpības, kuru Dievs neieredz visvairāk.

Dievs ir gars. Tad, kā gan mēs varam izveidot viņa atveidu vai aprakstīt Viņu? Tādēļ, kad Mozus paprasīja Dievu parādīt viņam Sevi, Viņš apsolīja viņam parādīt savu svētību, bet ne reālu, materiālu attēlu.

Tieši tāpat kā ūdens, sasalstot kļūst par ledu vai vāroties pārvēršas tvaikos, Dievs var parādīt sevi dažādos veidos, kuriem ir viena daba. Tā kā Viņš ir Gars, bet fiziskās ļaužu iespējas ierobežotas, tad tādā veidā Viņš palīdz ļaudīm Viņu labāk saprast.

4. Dieva lielums un izskats.

Bībeles lappusēs mēs sastopam vārdus, kuri runā par dažādām

Dieva ķermeņa daļām, piemēram, „Tavas acis" (Nehemijas grām, 1:6), „rokas" (Jesajas 65:2). Vai šajos vārdos ielikta tikai simboliska nozīme? Nē, ne tikai.

Dievs – tā nav amorfa substance. Viņam ir noteikta forma. Bet Viņš, atšķirībā no ļaudīm, kuri sastāv no gara, dvēseles un ķermeņa, ir tikai absolūta Gara formā. Dievs ir spožu uguņu formā, un tieši skatīties uz Viņu mēs nevaram. Bez tam, Viņš principiāli atšķiras no cilvēkiem, tajā, ka Ādams vispirms ieguva formu, bet pēc tam bija piepildīts ar patiesību; Dievs jau no iesākuma ir pati Patiesība, un tikai pēc tam Viņš pieņēma formu.

Daži var padomāt, ka Dievs eksistē milzīgā ķermenī tādēļ ka Viņš Radītājs, Kurš radīja visu šajā visumā un Kurš pārvalda to. Protams, ka Viņa forma milzīga, bet Viņš var brīvi to mainīt. Tādēļ mēs nevaram iedomāties ar savu cilvēcisko saprašanu, kāda ir Viņa forma.

Pat pēc tam, kad mēs uziesim Debesīs, mēs principiāli atšķirsimies no Dieva. Ļaudis būs ar garīgu ķermeni, kurš uz šīs zemes izgājis caur cilvēces pilnveidošanu fiziskajā ķermenī. Dievs, tomēr, var būt ar formu, bet Viņš var būt arī ārpus formas. Taču ļaudis būs ietērpti noteiktā formā, kura Debesīs nemainīsies mūžīgi. Tas ir tāpat, kā ģipsis, kuram mēs varam iedot jebkuru formu, bet kā tikai mēs nofiksēsim to, atgriezties pie iepriekšējās masas būs jau neiespējami.

Dievs var, esot bez formas, but tikai Gaisma, bet Viņš var tāpat arī ietērpties formā, Ceturtajās debesīs Dievs parasti nepieņem formu, un tur Viņš eksistē kā Gaisma un Balss. Viņš ietērpjas formā, kad Viņš satiekas ar praviešiem, vai kad nolaižas uz trešajām debesīm, Debesu Valstībā. Kad nepieciešams Viņš ietērpjas formā, bet, kad tajā nav vajadzības, Viņš to nedara. Viņš brīvi kontrolē arī savas formas lielumu.

Ceturtajās debesīs viss esošais nav fiksētā stāvoklī – ciets, šķidrs vai gāzveida. Visa esošā forma var neierobežoti mainīties saskaņā ar to, kā Dievs glabā to Savā sirdī. Un tā, Dievs iesākumā eksistēja kā gaisma un skaņa, kurai nebija formas, bet, kad Viņš nonāk uz trešajām debesīm, Viņš iegūst noteiktu formu.

Pirmais cilvēks Ādams, bija radīts pēc šī veidola – Dieva tēla trešajās debesīs, kuru mēs tāpat redzēsim, kad nokļūsim Debesīs. Bet pat, ja Viņš ietērpts vienā un tajā pašā formā, ir atšķirība starp to, kā Viņš izskatās ceturtajās debesīs un kā- trešajās debesīs. Tādēļ ka dažādās dimensijās gaisma, godība, varenums un vispār viss izskatās dažādi.

Piemēram, viens un tas pats kristāls būs ar dažādu nokrāsu no tā, kāda gaisma uz to krīt un kur viņš atrodas. Pēc līdzības ar to, iesākuma Dievs ceturtajās debesīs, ir ar citu lielumu un formu, nekā zemākās dimensijās. Lai arī tā ir tā pati garīgā pasaule, formas izskatās dažādi citās telpās, un šī atšķirība vēl vairāk redzama, kad Dievs nokāpj līdz pirmajām debesīm, fiziskajā telpā.

Vēl vairāk, no šīs fiziskās pasaules redzēt Dievu caur atvērto garīgās pasaules koridoru un redzēt Dievu nonākušu uz šo zemi, Sevi ievietojot ierobežotā fiziskajā telpā, - tās ir divas pilnīgi dažādas lietas. Pravieši vai eņģeļi nevar ietērpties formā, kas atbilst limitētajai fiziskajai telpai, un viņi paliek tādi pat, kādi viņi ir arī garīgajā telpā. Bet, Dievs, ja to nodomājis Savā sirdī var ietērpties formā, kas piemērota jebkurai telpai, tā kā Viņš – Radītājs, Kurš radīja visas šīs dažādās telpas. Viņš var parādīties fiziskajā telpā, atrodoties garīgā telpā, un Viņš tāpat var parādīties fiziskā formā, redzamā priekš ļaužu acīm.

Dieva parādīšanās caur garīgo koridoru.

Mēs varam atrast daudz vietu Bībelē, kas stāsta par to, kā Dievs nonācis uz šo zemi cilvēces audzēšanas gaitā. Kā tad Dievs to dara?

1. Mozus 11:5, teikts: „Un Tas Kungs nonāca, lai apraudzītu pilsētu un troni, ko cilvēku bērni cēla"; Pats Dievs nonāca uz šo zemi, lai redzētu, ko dara cilvēki. Bet 2. Mozus 19:18, aprakstīts, kā Viņš nolaižas, lai satiktos ar Mozu: „Un viss Sinaja kalns kūpēja, jo Tas Kungs nonāca uz to ugunī, un tā dūmi cēlās augšup itin kā cepļa dūmi, un viss kalns ļoti trīcēja"; un 4. Mozus 11:25, teikts: „Un Tas Kungs nonāca mākonī un uz to runāja un ņēma no Gara, kas bija viņā, un lika to septiņdesmit vecajos, un notika, kad Gars tajos palika, tad tie runāja kā pravieši, bet pēc tam vairs ne."

Dievs nav saistīts ar izmaiņām laika straumē. Un fiziskā un visa garīgā telpa pieder Viņam. Bet fakts paliek fakts, ka Viņš arī līdz šim laikam izlieto garīgo koridoru priekš tā, lai nolaistos uz šo zemi. Viņš varētu neizmantot garīgo koridoru, bet Viņš nepārkāpj taisnības likumus, kurus Viņš Pats noteicis.

Tajā laikā, kad Dievs tur bija klātesošs, miesīgie ļaudis nevarēja Viņu redzēt. Taču tie, kuru garīgās acis bija atvērtas un, kas kontaktējās ar Dievu, varēja redzēt Dievu tik daudz, cik daudz viņi iegājuši garā. Protams runa neiet par to, lai redzētu Dievu vaigu vaigā, bet viņi varēja sajust Viņa klātbūtni Dieva pieļautās robežās.

2. Mozus 33:11, teikts: „Un Tas Kungs runāja ar Mozu vaigu vaigā, kā kāds sarunājas ar savu draugu...” Bet tas nenozīmē, ka Mozus redzēja tieši pašu Dieva seju. Tas nozīmē, ka Dievs atklāja Sevi Mozum īpašā veidā, lai Mozus, pat ieraudzījis Dieva godību, nenomirtu. Tas bija iespējams tāpēc, ka Mozus bija lēnprātīgākais no visiem cilvēkiem uz zemes un bija uzticīgs visā Dieva namā.

2. Mozus, 33:18-19, teikts: „Rādi man, lūdzams, Savu godību! Un viņš sacīja: „Es likšu visai Savai godībai iet garām tavā priekšā, un Es saukšu tavā priekšā Tā Kunga Vārdu. Jo Es esmu žēlīgs, kam esmu žēlīgs, un, par ko Es apžēlojos, par to Es apžēlojos.”

Bet no 2. Mozus grām. 33:23, mēs saprotam, ka Mozus redzēja Dievu ne vaigu vaigā, bet tikai Viņa muguru. Viņš bija vairāk pazemīgs un lēnprātīgs kā jebkurš uz zemes, un viņš bija uzticīgs visā Dieva namā, un tomēr nevarēja tieši ieraudzīt Dieva vaigu, tādēļ ka bija ar ierobežotām cilvēciskā ķermeņa iespējām.

Dievs parādījās Ābrahāmam.

1. Mozus grām., 18. nodaļā mēs lasām, par to, ka Ābrahāmu apmeklēja trīs vīri, un viņš no visas sirds kalpoja

tiem. Tas bija tas gadījums, kad Dievs Svētais Gars un divi erceņģeļi parādījās cilvēku veidā. Dievs Svētais Gars vienots ar Dievu Tēvu, un Viņš pēc Savas sirds vēlēšanās var parādīties cilvēka veidā fiziskās telpas iekšienē.

Bet kā tad divi erceņģeļi varēja parādīties cilvēku izskatā? Saviem spēkiem viņi nevarētu pieņemt formu, kas derētu fiziskajai telpai, taču tas kļuva iespējams, jo viņi bija ar Dievu Svēto Garu un Dieva Svētā Gara telpā. Bet Dieva Svētā Gara un divu erceņģeļu parādīšanās cilvēku izskatā nenozīmē, ka viņi kļuva parasti cilvēciski radījumi. Viņi vienkārši ievietoja savu garīgo formu cilvēka formas iekšpusē, lai kļūtu redzami fiziskajā telpā.

Trīs vīri, tas ir Dievs Svētais Gars un divi erceņģeļi ēda barību, ko viņiem deva Ābrahāms (2. Mozus 18:8), bet viņi to darīja savādāk, kā ļaudis. Viņiem nebija vajadzības košļāt un sagremot barību, kā cilvēkiem. Kā tikai viņi kaut ko apēda, viņi to izelpoja, un viss iztvaikoja gaisā. Tas līdzīgi, kā augšāmcēlušais Kungs ēda, un ēdiens izgaisa un pazuda ar elpošanu. Protams, ka būt uz laiku formā, piemērotai fiziskai pasaulei, tas nav tas pats, kas būt augšāmceltā ķermenī. Augšāmcelts ķermenis – tas ir fiziskais ķermenis, kurš uz šīs zemes pārvērsts garīgā ķermenī, bet tiem trim vīriem uz to momentu bija nepieciešams ķermenis, piemērots fiziskai telpai.

Dievam Svētam Garam vajadzēja nonākt uz šo zemi ar diviem erceņģeļiem, piemērojoties šai fiziskajai telpai, priekš tā, lai Pašam apskatītu Sodomu un Gomoru. Protams, lai to izdarītu,

Viņš varēja nonākt arī gara veidā, bet Viņam bija iemesls nākt uz šo zemi un redzēt visu paša acīm.

Divi erceņģeļi atnāca cilvēka veidolā un tieši tāpēc varēja droši pārliecināties par to, cik izvirtuši šo pilsētu iedzīvotāji. Pilsētnieki ieraudzīja divu ercenģeļu skaitumu un pieprasīja tos ar ļauniem nodomiem. Dievs Svētais Gars un divi erceņģeļi varēja bez starpniekiem piedzīvot un izjust to ļaunumu, kurš bija Sodomas un Gomoras ļaudīs, tādēļ ka viņi nostājās viņu priekšā reāla cilvēka izskatā.

1. Mozus 18:13, teikts: „Un teica Kungs Ābrahāmam...” No tā mēs varam secināt, ka Tas, Kas parādījās Ābrahāmam, bija Kungs Dievs. Bet tā kā teikts, ka Ābrahāms redzēja trīs vīrus, saprotams, kā tieši izskatījās Dievs, kad nostājās Ābrahāma priekšā.

Dievs varēja pielietot vairākus ceļus, priekš tā, lai parādītos Ābrahāmam. Viņš varēja atnākt pie viņa sapnī vai vīzijā, vai Ābrahāms varēja vienkārši sadzirdēt Viņa balsi. Šīs metodes atklāja Ābrahamam garīgo telpu, kura atrodas fiziskajā telpā, lai viņš varētu ieraudzīt un sajust Dievu, Kurš atrodas garīgajā telpā. Tādos gadījumos cilvēks var ieraudzīt Dievu un sadzirdēt Viņa balsi, tikai, ja viņa garīgās acis un ausis atvērtas. Ja cilvēka garīgās acis aizvērtas, viņš nekad neieraudzīs to, kas notiek garīgajā pasaulē, kaut arī Dievs būtu ar viņu.

Bet, kad Dievs parādījās kopā diviem erceņģeļiem, tad tā jau bija pavisam cita lieta. Tajā momentā Dievs ne tikai vienkārši atvēra garīgo koridoru uz fizisko telpu, lai parādītu Sevi fiziskajā telpā. Šajā gadījumā Dievs patiešām iegāja fiziskajā telpā un kaut ne burtiski, bet līdz kādai pakāpei, Viņš ietērpās formā, kas piemērota fiziskajai telpai.

Ja pirmajā gadījumā mēs redzam Dievu it kā pa televīziju, tad otrajā – Dievs, nosacīti sakot, iziet no tā. Ja Dievs parāda Sevi fiziskajā telpā, ietērpies formā ar ierobežotām iespējām, bet piemērotām fiziskajai telpai, tad ļaudis var redzēt Dievu cilvēka veidolā, pat ja viņu garīgās acis vēl nav atvērtas.

Kungs spēcīga spožuma formā.

Bet kāds ir Dieva Dēla izskats? Reizēm mēs dzirdam, ka ļaudis runā, ka redz Kungu sapnī vai vīzijās. Daudzi no viņiem apgalvo, ka Viņš bija pilns žēlastības un mīlestības; tas tādēļ, ka Dievs noņem Savu gaismu, lai parādītu Sevi pilnu žēlastības. Ja Viņš parādītu savu Dievišķo varu Dieva Trīsvienības līmenī, tas neviens neuzdrīkstētos pat paskatīties uz Viņu.

Lūk kāpēc, neesot mierā ar visiem un netopot sirdsšķīsti, mēs nevarēsim ieraudzīt Kungu Debesīs (Ebrejiem 12:14). Kunga gaisma pārāk spēcīga. Tikai tie, kas ieies garā un gara pilnībā, varēs ieraudzīt Kungu, jo viņi arī izstaros spēcīgu garīgo gaismu.

Apustulim Jānim Kungs parādījās atklāsmē. Viņš aprakstīja Kunga acis, kājas un matus detaļās. Mēs varam tāpat iedomāties Dieva Tēva veidolu, pamatojoties uz Kunga izskata aprakstu.

Atklāsmes 1:14-15, teikts: „Bet viņa galva un mati bija kā sniegbalta vilna, viņa acis kā uguns liesmas, Viņa kājas līdzīgas zelta metālam, krāsnī kausētam un viņa balss kā lielu ūdeņu balss.”

Kunga mati šeit salīdzināti ar baltu vilnu, un tas nozīmē, ka Viņā nav ļaunuma, un Viņš ir pilnības un visa labā sakopojums. Rakstīts, ka „Viņa acis kā uguns liesmas”, bet tas nenozīmē, ka Viņa acis iedveš bailes. Tas nozīmē, ka tās apgaismo visu sev apkārt un sasilda citus ar savu siltumu. Tas tāpat nozīmē, ka tās sadedzina visus grēkus un ļaunumu. Neviens nevar noslēpties no Kunga acīm, un viss būs Viņa priekšā atmaskots. Tāpat teikts, ka Viņa kājas līdzīgas zelta metālam, krāsnī kausētam – tas ir bronzai. Jo ilgāk kausē bronzu, jo tīrāka tā kļūst. Mēs bieži redzam literatūrā līdzinājumu: skaistas sievietes acis salīdzinātas ar mirdzošām zvaigznēm, bet lūpas ar ķiršiem. Tieši tāpat Jānis salīdzina kunga kājas ar krāsnī kausētu metālu. Ļaudis uzskata kājas par pašu netīrāko ķermeņa daļu. Bet Jānis uzrakstījis, ka pat Kunga pēdas svētas un goda cienīgas.

Atklāsmes 1:16-17, tāpat teikts: „... Viņa vaigs spīdēja kā saule savā spēkā. Un, kad es redzēju viņu, es nokritu pie viņa kājām kā miris, bet viņš man uzlika savu labo roku, sacīdams: Nebīsties! Es esmu pirmais un pēdējais un dzīvais.”

Apustulis Jānis bija svēts un cienīgs cilvēks, lai saņemtu atklāsmes no Dieva, bet viņš nokrita Kunga priekšā kā miris. Kungs uzlika uz Jāņa Savu labo roku, sakot, lai viņš nebīstas. Tas nozīmē, ka Kungs uzdeva viņam sarakstīt Atklāsmes Grāmatu, kura atmodinās daudz ļaužu laiku beigās, un stiprināja to ar rokas uzlikšanu. Bez tam, Kungs mierināja Jāni, lai viņš varētu ar mieru izpildīt savu pienākumu.

5. Apustuļa Jāņa redzētais Dieva izskats.

Apustulis Jānis ieraudzīja Dieva Troni un to, kas bija apkārt tam, un uzrakstīja par to Atklāsmes Grāmatas ceturtajā nodaļā. Viņš redzēja notikumus, kuri notiks ilgu laiku pēc tam, kad viņš to aprakstīja. Tāpat kā šajā gadījumā, ar Dieva atļauju mēs varam nokļūt jebkurā vietā un jebkurā laikā, kā pagātnē, tā arī nākotnē, pārvarot telpu un laiku. Mēs varam redzēt Debesis un elli, laiku pirms radīšanas, un tāpat Tiesu Lielā Baltā Troņa priekšā, kas notiks nākotnē.

Gadījumā ar apustuli Jāni, viņa gars atdalījās, lai ieraudzītu garīgo pasauli. Gara atdalīšanās šajā gadījumā nozīmē, ka cilvēka gars atstāja viņa ķermeni. Cilvēks var redzēt garīgo pasauli tāpat arī vīzijās, bet vīzijās mēs ne visu varam redzēt. Tādēļ, kad Dievs grib parādīt mums pilnīgu skatījumu, Viņš darbojas caur gara atdalīšanu. Tad kā gan apustulis Jānis redzēja Dievu un Viņa Troni?

Līdz tam, kā viņam palika deviņdesmit, viņš bija izcietis tik daudz pārbaudījumu un vajāšanu Kunga vārda dēļ. Viņš bija iemests katlā ar verdošu eļļu, bet patcicoties Dieva nodomam palika dzīvs. Viņš bija izraidīts uz Patmas salu. Uz šīs salas, iedziļinājies lūgšanās, viņš saņēma atklāsmes no Dieva. Uz to laiku viņš bija pilnībā šķīstīts lūgšanām un daudziem pārbaudījumiem caur kuriem viņam nācās iziet. Viņš saņēma atklāsmes, iegūstot sirdsšķīstību, un tādēļ viņa gars varēja pacelties tik augstu – līdz Dieva troņa līmenim.

Atklāsmes 4:3, viņš tā apraksta Dieva troni: „Tas, kas sēdēja, pēc skata līdzīgs dārgakmeņiem, jaspīdam un sardijam, un ap goda krēslu bija varavīksnes loks, kas izskatījās kā smaragds.”

Pēc īpašas Dieva providences, Jānis ieraudzīja Dievu un Viņa troni, bet viņš nevarēja redzēt Dieva sejas detaļas, tāpēc ka gaisma, kuru izstaroja Viņa seja, bija ļoti spēcīga. Tāpat, kā mēs nevaram skatīties uz sauli dēļ spožās gaismas, mēs nevaram izturēt Dieva sejas spožumu līdz tam laikam, kamēr mūsos ir garīga tumsa. Lai ieraudzītu Dieva vaigu, mums jāatbrīvojas no ļaunuma un jāiegūst Dieva sirds, kļūstot par pilnīgu gaismu. Ieraudzīt Dieva vaigu varēs tikai tie, kas iegājuši Trešajā Debesu Valstībā vai augstāk.

Jāņa gars pacēlās līdz Dieva tronim, bet viņš nevarēja redzēt reālus Dieva sejas apveidus. Tādēļ viņš teica, ka Dievs bija līdzīgs dārgakmeņiem jaspīdam un sardijam.

Vārdi „līdzīgs dārgakmeņiem jaspīdam” simbolizē daudzveidīgo gaismu, ko izstaro Dievs. Jaspids satur veselu spektru skaistu nokrāsu, līdzīgu tai daudzveidībai gaismas nokrāsās, kuras nāk no Dieva. Jaspids tāpat asociējas ar tīrību, tikumību, godīgumu un taisnīgumu. Apustulis Jānis aprakstīja Dievu salīdzinot Viņu ar dārgakmeņiem, kuriem ir vērtība uz šīs zemes.

Bet salīdzinājums ar sardiju norāda uz to, ka Dievs brīnišķīgs, Viņš krāšņs un varens, kā uguns liesma. Sardijs, ir ar sarkanīgu krāsu un simbolizē Dieva Svētā Gara gaismu. Dievs Tēvs un Dievs Svētais Gars ir vienoti un gaisma, kuru satur sevī Svētais Gars, ir tāpat arī Dievā Tēvā. Tādā veidā, jaspida un sardija krāsu var ieraudzīt Dieva Trīsvienības spožumā.

Varavīksne ir apsolījuma simbols (1. Mozus 9:12-13). Dievs parādīja varavīksni kā Viņa derības zīmi par to, ka pēc Noasa Viņš vairs nekad nesodīs cilvēci ar plūdu ūdeņiem. Tā robežās, ko bija dots ieraudzīt Jānim varavīksne likās viņam, kā dārgakmens smaragda krāsā.

Zaļā krāsa simbolizē izturību, vīrišķību un Dieva spēku. Lāzeršovā mēs redzam, kā atsevišķos mirkļos parādās dažādas gaismas stari. Dažādo krāsu stari mirgo noteiktā secībā, vai visi kopā, radot grandiozāku efektu. Katrs cilvēks, ieraugot tādu priekšnesumu, pa savam aprakstīs tā krāšņumu. Viens liks akcentu uz kādām konkrētām krāsām, cits aprakstīs nokrāsu daudzveidību izmantojot dažādus piemērus.

Apustulis Jānis redzēja gaismu, kas nāca no Dieva, Dieva Troni un dažādu nokrāsu gaismu, ko izstaroja varavīksne ap troni un aprakstīja to, salīdzinot ar dārgakmeņiem. Tā ka mums nav jādomā, ka gaismas nokrāsas, kas nāk no Dieva un Viņa troņa vienkārši līdzīgas dārgakmeņiem. Pamēģiniet Svētā Gara vadībā stādīties sev priekšā visu šo gaismas daudzveidības skaistumu.

6. Piederība pie Dieva dabas.

Dievs eksistē ceturtajās debesīs kā gaisma, bet šīs gaismas iekšpusē skan melodiska balss. Un tā ir pati spēcīgākā gaisma un pašas brīnišķīgākās krāsas, kuras ne ar ko nevar salīdzināt. Iesākuma Dieva gaismas noslēpumainība un tīrība piepilda visu telpu. To nav iespējams aprakstīt cilvēciskiem vārdiem un nevar salīdzināt ar kaut ko uz zemes. Ja jūs nokļūsiet šajā telpā, tad jūs redzēsiet noslēpumaino Dieva gaismu un jutīsiet Viņa sirds plašumu. Tikai nedaudzi izredzēti cilvēki, kuru sirds telpa un dimensija atrodas vienotībā ar Dievu, var ieiet šajā telpā ar Dieva atļauju. Taču ja šajā telpā ieies necienīgs cilvēks, tad viņa gars izšķīdīs un izzudīs.

Ja mēs ieiesim pilnīgas gaismas dimensijā kā Gaismas bērni, tad mūsu sirds kļūs vienota ar Dievu. Tad notiks tas, kas apslēpts mūsu sirdī, un mēs sāksim parādīt neaptveramo Dieva spēku. Priekš tā, lai to izdarītu, mums jāatjauno zaudēto Dieva līdzību un jāiegūst Dieva sirds. Mūsu sadraudzības tuvums ar Dievu atkarīgs no tā, cik mēs esam atbrīvojušies no visiem ļaunuma veidiem un esam sasnieguši gara pilnību, lai kļūtu par pilnīgu gaismu. Jāsasniedz tikai savā garīgajā attīstībā šo līmeni, un mēs saņemsim visu, par ko lūdzam lūgšanā un tāpat ieņemsim augstu stāvokli Debesu Valstībā.

Tādā mērā, kādā mēs sasniegsim svētumu un iegūsim Dieva sirds līdzību, mēs izejot aiz cilvēka iespēju rāmjiem, varēsim pielietot Dieva telpu un tad ieraudzīt Dieva izskatu. Mozus redzēja Dieva vaigu, jo bija lēnprātīgākais no šīs zemes cilvēkiem un bija uzticīgs visā Dieva namā. Ābrahāms redzēja Dievu, Kurš nonāca uz šo zemi fiziskajā formā, jo viņš bija ļoti tuvu pilnīgai gaismai.

Dievs radīja cilvēces izaudzēšanas plānu, lai iegūtu patiesus bērnus, un Viņa noslēpumainais spēks piepilda mūs ar visu dzīvei un dievbijībai nepieciešamo.

Tādēļ mums jābeidz būt tukšiem un neauglīgiem mūsu Kunga, Jēzus Kristus patiesā iepazīšanā. Mēs varam stingri stāvēt izredzētībā, kur mūs aicinājis Dievs, parādot savā ticībā labus darbus, labdarībā – apdomību, apdomībā – atturību, atturībā – pacietību, pacietībā – dievbijību, dievbijībā – saticību, saticībā – mīlestību.

2. Pētera vēstulē 1:3-4, mēs lasām: „Mums jau Viņa Dievišķais spēks ir dāvājis visu, kas vajadzīgs dzīvībai un dievbijībai tā atziņā, kas mūs ir aicinājis ar savu godību un brīnumu spēku. Ar to viņš mums dāvinājis dārgus un visai lielus apsolījumus, lai jums ar tiem būtu daļa pie dievišķas dabas, jums, kas esat izbēguši no tā posta, kas kārību dēļ ir pasaulē."

Kļūt par „Dievišķās dabas" līdzdalībniekiem priekš mums nozīmē iegūt pilnīgu gaismu, pietiekošu, lai saplūstu ar Dieva gaismu. Tad mēs varēsim būt ar pielaidi Dieva telpā. Ja mēs iegūsim gaismu, līdzīgu Dieva pilnīgajai gaismai, mēs kļūsim daļa pie Dievišķās dabas un ieiesim tālāk, telpā, kurā mājo iesākuma Dievs. Un tā, kas tad mums jāizdara, lai mums būtu daļa pie Dievišķās dabas?

Pirmkārt, mums jāizkopj pilnīga garīga sirds.

Mums jākļūst vienotiem ar Dievu, Kas ir Gars, tas ir mums nepieciešams izkopt pilnīgu garīgu sirdi. Ja mūsos ir kaut kādas ļaunuma izpausmes, miesīgas domas vai domāšanas stereotipi, tad mēs nespēsim būt līdzdalībnieki pie Dievišķās dabas. Lai mūsu sirds būtu garīga, mums jāatturas no jebkāda ļaunuma (1. vēst. Tesaloniķiešiem 5:22) un miesīgiem nodomiem (Vēst. Romiešiem 8:6).

Dievs vēlas, lai mūsos būtu pilnīgi garīga, patiesa un atklāta sirds, kas arī nozīmē būt ar gara sirdi. Tikai esot ar tādu sirdi, mēs varēsim saprast, ko īstenībā Dievs, Kungs un Svētais Gars vēlas. Jēzus atnāca uz šo zemi un piedzīvoja badu, bēdas, nogurumu un sāpes. Viņš pildīja Dieva Vārdu un izpildīja Baušļus ar mīlestību.

Neskatoties uz to, ka Viņš, esot ar cilvēka ķermeni, pārcieta daudz sāpju, Viņš turpināja sekot Dieva gribai. Viņš ne ar vienu nestrīdējās, nepacēla Savu balsi, bet pilnībā izpildīja Dieva gribu, Sevi ziedojot. Tā ka mums nevajag meklēt sev attaisnojumus, sakot, ka cilvēks ir vājš. Mums jākļūst par Dieva dabai piederošiem, kas atbrīvojušies no visām grēka un ļaunuma formām un darot krietnus darbus būt ar labu sirdi.

Kāda ir jūsu sirds? Es stāstīju par īpašībām, kurām jābūt mums raksturīgām, lai mēs varētu būt ielaisti gaismas telpā; un mēs varam pārbaudīt pēc tām sevi. Mēs varam pārbaudīt, kādā mērā mēs esam atbrīvojušies no miesas darbiem, miesīgiem nodomiem un ļaunuma un izkopuši labprātību, kas atbilst Dieva vēlmēm; cik stipri un patiesi mēs mīlam Dievu un izplatām labprātības labo smaržu; cik Svētā Gara augļu un Svētību Baušļu mēs pienesam.

Piemēram, ja mēs varam dzīvot mierā ar visiem cilvēkiem, tad tas nozīmē, ka mums ir garīgā sirds, kas tuva Kunga Gaismai līdz šai pakāpei esam kļuvuši „Dieva dabas līdzdalībnieki." Mēs varam teikt, ka esam ar pilnīga gara sirdi tikai tad, kad pienesīsim Svētā Gara augļus un mīlestības augļus, kas aprakstīti vēstulē Korintiešiem 13. nodaļā, Svētības Baušļu augļus un Gaismas augļus, pie tam nevis par 50 vai 60 procentiem, bet par visiem 100 procentiem.

Otrkārt, mums jālūdzas Svētā Gara vadībā.

Dievam nepatīk lūgšana, kas veikta aiz pienākuma jūtām. Viņš vēlas, lai labā mūsu patiesās lūgšanas smarža veidotu mūsos Dieva sirdi. Ļaudis var lūgties vienādu laika daudzumu, taču katra cilvēka sirds izplata dažādu starojumu. Daži dzīvo apmierinājumā ar to, ka vienkārši veltī ikdienas lūgšanai noteiktu laika daudzumu, bet citi, esot lūgšanā, pat nepamana, cik laika pagājis, jo ir laimīgi lūdzoties Dievu un mainot sevi aiz mīlestības pret Viņu.

Paredzēts, ka mums jādara garīgās sfēras darbi, šajā fiziskajā pasaulē. Lai to darītu mums jāsaņem spēks un vara no Dieva, Kurš mājo garīgajā telpā. Tādēļ mūsu lūgšanām nav jānotiek vienīgi aiz pienākuma jūtām. Dievs grib, lai mēs aiz mīlestības pret Viņu ieliktu lūgšanā visu savu sirdi.

Lai saņemtu spēku no Dieva, mums jāpienes garīgās lūgšanas, kuras izejot caur fizisko telpu, var atvērt garīgo telpu. Lai tas notiktu, mums jālūdzas ne tikai tad, kad uzskatām par vajadzīgu, vai lūgties ar bezdarbīgām domām galvā. Tādas lūgšanas nevar iziet caur fizisko telpu. Tās vienkārši pazudīs. Dievu nevar aizkustināt ar tādām lūgšanām. Ja jūsu bērni uzstājīgi un ar alkatību pieprasa dot viņiem tikai to, ko viņi grib, kādas jūtas tas izsauc jūsos, kā vecākos? Jūs visticamāk būsiet noraizējušies.

1. vēstulē Korintiešiem 2:10, teikts: „Mums Dievs to ir atklājis ar savu garu, jo gars izdibina visas lietas arī Dieva dziļumus." Mums jālūdzas Svētā Gara vadībā, Kurš ir mūsu sirdī. Tad mēs varēsim lūgties saskaņā ar Dieva gribu un tāpat arī zināsim, ko darīt. Kļūstot vienoti ar Svēto Garu, kas mums dāvināts, mēs varēsim atvērt durvis uz garīgo telpu un kontaktēties ar Dievu, Kurš uzturas garīgajā telpā.

Treškārt, mums jāmīl un jāpieņem katru ar lielu dvēseles dāsnumu.

Garīgā sirds, kura līdzīga Dieva sirdij, vienmēr piepildīta ar mīlestību un dāsnumu, un tomēr es vēl reizi gribu likt akcentu uz mīlestību un dāsnumu. Jo mums jāiemācās mīlēt apkārtējos, tādēļ ka mēs mīlam Dievu un mums jābūt ar plašu un dāsnu sirdi, kas spēj pieņemt katru. Mums jābūt piepildītiem ar mīlestību un dāsnumu un jārūpējas par katru, kas iet caur grūtībām vai jūtas noguris. Dieva sirds plašumu neiespējami izmērīt, Viņš aizkustinoši un rūpīgi gādā par bāreņiem, atraitnēm un par visiem atstumtajiem.

Kad mēs pat mazās lietās parādām rūpes par citiem un cēlsirdīgi stiprinām tos ticībā, tad tas dara mūs par Dievišķai dabai piederīgiem. Mums jāpazīst sevi un jāmainās pēc Dieva Vārda, lai kļūtu „Dieva dabas līdzdalībnieki."

Ja mēs esam ar pilnīgu sirds gaismu un esam piederīgi pie Dieva dabas, tad kā jau es skaidroju, varam ieiet gaismas un Dieva telpā. Un, ja mēs ieiesim Dieva telpā, tad ieraudzīsim šīs telpas īpašo gaismu. Mēs tāpat jutīsim Dieva sirdi, tādu plašu un milzīgu. Un neskatoties uz to, ka mūsu fiziskais ķermenis atrodas fiziskajā telpā, mēs varēsim pielietot Dieva telpu, kura ir mūsu sirdī, lai parādītu brīnumus, kuri atrodas aiz cilvēciskās saprašanas robežām.

1. Jāņa vēstulē 1:5, teikts: „Šī ir tā vēsts, ko esam no viņa dzirdējuši un pasludinām jums, ka Dievs ir gaisma, un viņā nav it nekādas tumsības." Ja mēs esam pilnīgajā Dieva gaismā, tas ir esam viena sirds ar Dievu, tad viss, ko mēs pieņemsim savā sirdī, realizēsies pateicoties spēkam, kura lielumu cilvēks nevar pat iedomāties.

Es lūdzos Kunga vārdā, lai jūs iegūtu tiesības, kuras ļautu jums dzīvot baudot visas svētības, kas dotas Ābrahāmam, un, lai jūs ieņemtu godājamu stāvokli Debesīs mūžīgajā Gaismas telpā.

Autors:
Dr. Džejs Roks Lī

Dr. Džejs Roks Lī dzimis 1943. gadā Muanas pilsētā, Džoannas provincē, Korejas Republikā. Sākot no divdesmit četru gadu vecuma dr. Lī cieta no dažādām nedziedināmām slimībām un septiņus gadus gaidīja nāvi, bez jebkādas cerības uz izveseļošanos. Bet vienreiz, pavasarī, 1974. gadā, māsa atveda viņu uz baznīcu, kur viņš nokrita uz ceļiem un lūdzās, un Dzīvais Dievs acumirklī dziedināja viņu no visām slimībām.

No tā momenta, kad dr. Lī sastapa Dzīvo Dievu, pateicoties šai brīnumainajai dziedināšanai, viņš patiesi iemīlēja Dievu no visas sirds un bija aicināts 1978. gadā uz kalpošanu Dievam. Viņš centīgi lūdzās, lai skaidri saprastu Dieva gribu, pilnībā to piepildītu un paklausītu katram Dieva Vārdam. 1982. gadā viņš dibināja Centrālo „Manmin" draudzi Seulas pilsētā (Dienvidkoreja), un no tā momenta neskaitāmi Dieva darbi, ieskaitot brīnumainas dziedināšanas un Dieva zīmes, bija parādītas šajā draudzē.

1986. gadā dr. Lī saņēma roku uzlikšanu mācītāja kalpošanai ikgadējā Korejas baznīcas Kristus Asamblejā Singkuolā, bet vēl pēc četriem gadiem, 1990. gadā viņa svētrunas sāka translēt Tālo Austrumu raidkompānijas, Āzijas raidkompānija un Vašingtonas radiostacijas Austrālijā, Filipīnās un daudzās citās valstīs.

Pēc trim gadiem, 1993. gadā žurnāls „Christian World" (ASV) ievietoja Centrālo „Manmin" draudzi piecdesmit labāko pasaules draudžu sarakstā; Kristīgās ticības koledža Floridas štatā (ASV) piešķira dr. Lī goda doktora pakāpi evaņģelizācijā; bet 1996. gadā Teoloģiskais Kingsvejas seminārs (Aiovas štatā ASV) piešķira viņam teoloģijas doktora pakāpi.

No 1993. gada dr. Lī, novadot evaņģelizācijas kalpošanas Tanzānijā, Argentīnā, Losandželosā, Baltimorā, Havajās, Ņujorkā (ASV), Ugandā, Japānā, Pakistānā, Kenijā, Filipīnās, Hondurasā, Indijā, Krievijā, Vācijā un Peru, Demokrātiskajā Kongo Republikā, Izraēlā un Igaunijā, kļuva par vienu no pasaules misionāru darbības līderiem.

2002. gadā, par viņa pūlēm novadot daudz iespaidīgus apvienotos kristiešu festivālus, vadošās kristīgās Korejas avīzes nosauca viņu par pasaules mēroga reliģiskās atdzimšanas līderi. Sevišķi Ņujorkas kristiešu festivālā 2006. gadā, kurš tika novadīts Medisona Skvērā un tika translēts uz 220 valstīm, un tāpat

Starpkultūru Izraēlas festivālā 2009. gadā, kas notika Starptautiskajā konvenciju centrā Jeruzalemē, viņš droši pasludināja, ka Jēzus Kristus – Mesija un Glābējs. Viņa svētrunas translējās uz 176 valstīm pa satelītkanāliem, ieskaitot GCN TV. 2009. un 2010. gados populārais krievvalodīgais kristiešu portāls In Victory un ziņu aģentūra Christion Telegraph, par viņa spēcīgo telepārraižu kalpošanu un mācītāja kalpošanu aiz robežām, nosauca dr. Lī 10 labāko, pašu iespaidīgāko kristiešu līderu skaitā.

Pēc datiem uz 2012. gada martu Centrālā draudze „Manmin" apvieno vairāk kā 120 000 locekļu. Draudzei ir vairāk kā 10 000 meitas un asociāciju draudzes visā pasaulē, ieskaitot 54 filiāles pašā Korejā. Vēl bez tā, vairāk kā 129 misionāri nosūtīti uz 23 valstīm, ieskaitot ASV, Krieviju, Vāciju, Kanādu, Japānu, Ķīnu, Franciju, Indiju, Keniju un daudzām citām valstīm.

Uz šīs grāmatas publicēšanas momentu dr. Lī uzrakstījis 64. grāmatas, tajā skaitā tādus bestsellerus kā „Atklāsme par mūžīgo dzīvi uz nāves slieksņa," „Mana dzīve, mana ticība" (I, II), "Vārds par Krustu," „Ticības mērs," „Debesis" (I, II), „Elle" un „Dieva spēks." Šīs grāmatas jau tulkotas 74 pasaules valodās.

Viņa raksti par kristīgās ticības tēmu regulāri tiek publicēti sekojošos periodiskajos izdevumos: The Hankook Ilbo, The Joong Ang Daily, The Dong – A Ilbo, The Munhwa Ilbo, The Seoul Shinmun, The Korea Economic Daily, The Korea Herald, The Shisa News un The Christian Press.

Patreizējā laikā dr. Lī ir vadītājs daudzām misionāru organizācijām un asociācijām. Viņš daļēji ir Apvienotās Jēzus Kristus baznīcas vadītājs, Starptautiskās misionāru organizācijas Manmin prezidents, „Globālā kristīgā tīkla" (GCN), „Vispasaules ārstu – kristiešu tīkla" (WCDN) un Starptautiskā Manmin semināra (MIS) dibinātājs un valdes priekšsēdētājs.

Debesis I un II

Precīzs apraksts par lieliskajiem apstākļiem, kuros dzīvo Debesu pilsoņi, spilgts apraksts par dažādu Debesu līmeņu valstībām.

Atklāsmes par mūžīgo dzīvi uz nāves sliekšņa

Personīgās dr. Džeja Roka Lī atmiņas – liecības, kurš bija piedzimis no Augšienes un glābts, ejot caur nāves ēnas ieleju, un no tā laika parāda ideālu piemēru tam, kā vajadzētu dzīvot kristietim.

Elle

Nopietns vēstījums cilvēcei no Dieva, Kurš negrib, lai pat viena dvēsele atrastos elles dzelmē! Jūs atklāsiet sev līdz šim nezināmas lietas par nežēlīgo zemāko kapu un elles realitāti.

Mana Dzīve, Mana Ticība I un II

Dzīve, kas uzplauka pateicoties ne ar ko nesalīdzināmai Dieva mīlestībai, drūmu viļņu vidū, zem nastas smaguma un dziļa izmisuma un izplata pašu labāko garīgo aromātu.

Ticības mērs

Kādas mājvietas un kādi vainagi un balvas sagatavotas mums Debesīs? Šī grāmata satur gudrību un pamācības, kas nepieciešamas tam, lai izmērītu savu ticību un izaudzētu to līdz pilnīga brieduma mēram.